誰でも思いどおりの運命を歩いていける！

精神科医
越智啓子

青春新書
PLAYBOOKS

はじめに

みなさん、この本を手に取ってくださって、本当にありがとうございます。

きっと、タイトルに引かれて、あるいは元気が出るオレンジ色と黄色の表紙に思わず手に取られたのかもしれません。オレンジ色は創造性やチャレンジ精神を高める色なのです。黄色は感情が癒されて、笑いやユーモアのセンスが引き出されます。

この本のヒントをもらって、さらに創造性が増して、何かにチャレンジするという魂の意向があるのでしょう！　ワクワクして自然に笑顔が出てきます。

それで直感からピンときたのかもしれません。直感を信じて行動すると、誰でも思いどおりの運命、人生を歩くことができるのです。なぜなら、直感は自分の奥にある光でもある「魂からのメッセージ」だからです。

今まで私たちは、「運命は決まっていて、自分では変えられない」と思い込んできました。

ところが**「人生は自分の思いで決めている、しかも思いで創《つく》っている」**ことがだんだんとわかってきたのです。

今この瞬間に思っていることが、実は近未来の人生をどんどん創っているのです。

あなたのそばに、幸せそうに恋愛をして、仕事も楽しそうにしている人、優しいパートナーに恵まれて、子育ても順調で、いつも笑顔の人がいませんか？

一方で、いつもため息をついて、恋愛が続かないと嘆いて、あるいはなかなか結婚ができないと、同じパターンを繰り返している人がいませんか？

どこが違うのでしょうか？

それぞれの世界観、思い込みがまったく違っているのです。

毎日の思い、イメージ、口癖、習慣が、私たちの人生を創っているからなのです。

繰り返している習慣やパターンは、今までの自分の思い込みから創られているなら、それを変えれば自分の思いどおりに歩けるようになるのです。

マイナスの思い込みを解放して、プラスの思い込みに入れ替えてみませんか？

きっと悩んでいた恋愛や結婚、仕事や人間関係についての意識が大きく変わって、いつのまにか流れがよくなり悩みが消えていきます。

宇宙には「波長同通の法則」があって、同じ波長の人や物、現象を引き寄せるのです。

こうありたいという新しい思い込みをインプットして、すてきなキラキラの自分に、そして自分が望む、うれしい現象をどんどん引き寄せましょう！

実は、心と体はつながっています。思いの次には、体にも意識を向けてあげましょう！

たとえば、落ち込んでいるとき、体は縮こまって猫背になり、笑顔が消えて、声も小さく、体は冷えています。体をほぐしたり、あたためたりすることでエネルギーが流れてぽかぽか温まって、体がゆるんできます。背筋が伸び、ハートも開いて、笑顔もすてきにもどってきます。

この本は、そのための解説やヒントがたくさんつまっています。

とくに役立つワークを「一日三分間の新しい習慣」にして、簡単に楽しく、愛と笑いが自然に受け取れるようにしました。

楽しく読みすすめていくうちに、ちょうど大切なヒントのところで、すぐにできる「愛と幸せの習慣」が登場するようになっています。

日常にすぐ役立つ四十二個のワークを入れましたので、きっとあなたにぴったりの習慣が見つかると思います。

直感でこれをやってみたいというものが見つかったら、ぜひ今すぐにやってみてください。必ず新しい習慣があなたを輝かせて、毎日の生活が明るく、楽しく展開していきます。

新しいすてきな習慣をつけることで、気持ちよく、心も体もほどけて、気が楽に、健康になってきます。

これで、これからのあなたは、毎日の思いも口癖も習慣もバッチリ、大丈夫です！

私はこれまで、薬以外のさまざまな治療法や癒しを探求し、実践してきたユニークな精神科医をしています。

アロマやクリスタル、ハンドやヴォイスヒーリング、過去生療法や笑い療法など、ホリスティックな医療を講演会やヒーリングセミナーなど多面的に行っています。

しかも十四年前に沖縄に移住して、さらに活動や実践の場が広がってきました。沖縄の自然や人々に助けられて、さらにパワーアップしています。

今までの経験とパワーに、感謝をいっぱい込めて、この本を通じてお届けします。

ぜひ、ご自分にぴったりのヒントを受け取って、新しい習慣にしてみてください。

マイナスのパターンをすっきり解放して、あなたの人生は楽々キラキラに！

越智　啓子

目次

第1章　あなたの波長と引き合う「素敵な人」に必ず出会えます

第2章

その「人間関係」の意味を知れば、すべてがうまく回りだす！

第3章 「仕事」が不思議なほどうまくいく潜在能力の引き出しかた

第4章

まわりの流れをよくして必要な「お金やもの」を引き寄せる

第5章　100%思いどおりの運命をつくる習慣の魔法

愛と幸せの習慣

カバーイラスト　©Can Stock Photo Inc. / Kotkoa
本文デザイン　リクリデザインワークス

第1章
あなたの波長と引き合う「素敵な人」に必ず出会えます

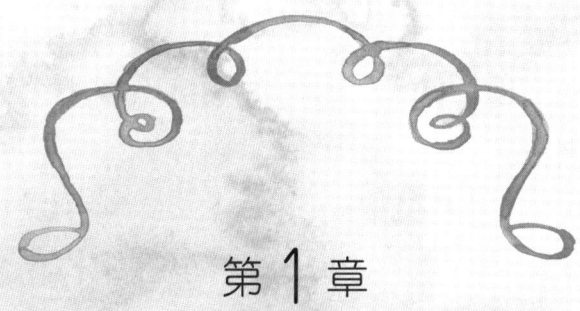

同じパターンの恋愛を繰り返す理由

あなたはいま、すてきな恋愛をしていますか?

もうすでに幸せな結婚をしているでしょうか?

恋愛も結婚も、昔と違って、自分で選べる時代になりました。自由になってきた証拠でしょう!

そして、多様的になってきました。

女性の社会進出で、結婚しなくても気ままに生活できる時代です。結婚してもしなくてもOKの時代になってきました。だから、本当に結婚したい人が、なかなかできないと、よけい気になってしまいます。

私たちがお世話になっている、この地球という星では、人間は男と女と二つの性に分かれて、生まれ変わっては異なる体験を積んで成長してきています。

男と女がお互いに惹かれあってエネルギーが一つになり、やがて家庭を作って育むしくみになっています。

だから、成長するにつれて異性が気になるのは、とても自然なことです。それなのに、恋愛や結婚がなかなかスムーズに運ばないのはどうしてでしょう？

それは、私たちの表面意識の奥にある潜在意識にしっかりとしみ込んでいる様々な思い込みが原因です。

人生が一回ではなく何度も繰り返されているからこそ、潜在意識の中に様々な感情や思い込みのパターンが内蔵されているのです。

表面意識は「恋愛したい！　結婚したい！」と思っていても、「どうせ、私はいつも振られるのよ！」「私の恋愛はいつも長続きしないのだから」というフレーズがしっかり潜在意識に刷り込まれていると、せっかくの出会いがあっても、そのマイナスの思い込みのパワーに圧倒されて、自分を前向きに推し進めるパワーが後ずさりして、いつものパターンを創り上げてしまいます。

「ほら、やっぱり長続きしなかったでしょう！」

と、ますますそのパターンの達人になってしまいます。

まるで占いや予言が当たったかのように自慢げに言う人もいます。

「ほら、私の言ったとおりでしょう！　私の予言に間違いはない～」

まさに「言ったとおり」にことは運ぶのです。

口癖で言っていることが、日常で実現化しています。

かつて実家担当のお坊様は、法事でお経を読んでくださった後、必ず怪我《けが》や病気の話ばかりします。それも、

「この間は骨折をして、それから○○になってですね～、なんでこんなに病気や怪我ばかり続くのでしょうね！　次から次に休みなく続くんですよ。いや～、まいりました。あっはっは～」

と、それはうれしそうに、感動的に、つばを飛ばしながら情熱いっぱいに語ります。毎回、病気と怪我の話だけで、人生訓話を聞いたことがありませんが、これも反面教師。口癖にしていることが必ず人生に起こるという真理を、身をもって実証してくれているのです。

もし**同じパターンが二度以上続いたら、マイナスの思い込みになっている**と気づいて、まず「このパターンは、もうやめた！　変えるわ！　大丈夫！」と思うことです。そして、「三度目の正直」のノリで、思うとおりに変更してみましょう！

「過去の自分」から卒業する方法

不安になると、つい占いを見たくなったり、霊能者といわれる人たちに聞いてみたくなりますが、あくまでも占いは過去の統計学です。過去のパターンをしっかり繰り返す人にはバッチリ当たります。そして、占いを信じつづけ、自分のパターンを飽きるまで繰り返すのです。

まわりに左右されやすい人や気にしやすい人の場合は、占いを見てもいいところだけを信じて、悪い予言や気持ちが暗くなる内容は、さっと流しましょう。何とかパターンを変えたい人は、自分のパターンを教えてもらうにはいいかもしれません。

娘が生まれたときに、占い師に「あなたの娘さんは一六歳で死にます」と言われて、大きなショックを受けた女性がいます。ほかの占い師さんにも、と訪ね歩いたら、同じことをさらに二回も言われてがっくり！

私の本を読まれて沖縄のクリニックにいらっしゃいました。診療を受けたら、過去生《かこせい》（過去の人生）で、たしかに娘さんは一六歳で亡くなっているようです。でも、また今生《こんじょう》で同じ体験を繰り返す必要はないので、「大丈夫よ！　今回はその時代の分も生きて、彼女はきっと長生きするわ！」と笑い飛ばしました。もちろん娘さんは現在、元気に大学生活をエンジョイしています。

この例のように、不吉な予言をされると気になって聞き流せませんが、逆に、占いで言われたことをヒントに、「よし、このパターンを変えるわ！」と元気が出る人には、いいアドバイスになると思います。

おめでたく、すでに突き抜けている人は、明るい予言だけを受け取って、暗い予言は「これは私のことじゃないわ」とすぐに忘れてしまいます。

私も占いの人に「あなたは、もう占いの領域を超えているから、見ても当たらないわよ！」と言われてしまいました。方向を気にして生きる気学の先生にも、「あなたは全国的に広く動きすぎるから当たらないわ！　好きにして！」と言われました。

西洋占星術も、のんきな母は私を産んだ時間を覚えていないので見てもらうことができません。どうも占いには縁がなくて……。

霊能者にも「二〇歳まで生きられない！」と言われたのに、とうに二倍以上生きて、とても元気です！　アメリカ人のトランプ占いで、いずれどんどん本を書くと言われましたが、これはうれしい当たりです！

要するに、自分の人生の主人公は自分で、創造している原理がわかると、占いはいらなくなるのですね。私の創造性が大いに開いた沖縄への移住も、占いでは最悪の時期だったらしく、まさに自ら乗り越えていることを実証しています！

みなさん、最悪の予言をされたら、どうぞそれを乗り越える醍醐味を味わってください。厄年は「役に立つ年」だと思ってみましょう。

過去のパターンを繰り返すのは、そろそろやめましょう！

★愛と幸せの習慣❶ マイナスの思い込みを「手放すポーズ」で楽しく解放！

潜在意識は夜、寝ている間に活動しますので、寝る前にいい思い込みをインプットしておくとバッチリです。

古い思い込みを解放するときに、もし香りがお好きな人には、ぜひ、アロマを使ってみてください。

ジャスミン、ローズ、ネロリと、沖縄生まれの伊集ぬ花（イジュヌハナ）をおすすめします。ティッシュに少しだけアロマオイルをつけて、鼻の近くで深～く吸ってみてください。

そのまま枕もとに置いて寝ると、寝ている間に香りのディーバ（妖精・精霊）があなたをやさしく包んでくれますよ！　解放のお手伝いだけでなく、パートナーを引き寄せる香りでもありますから、普段から、ほのかに香っているのもすてきです。一石二鳥ですね。

さあ、やってみましょう！

声に出して宣言すると、潜在意識にしっかり入りますよ。

「私は、恋愛と結婚のマイナスの思い込みを手放します！」

ついでに、両手をグーからパーに開きながら前へ押し出すポーズをするともっと効果的です。まさに手放すポーズです。一回で心配な方は気がすむまで何回かやってみましょう。

手放した後、プラスの思い込みを宣言してみます。

次のセリフを参考にして、ご自分で好きな言葉を考えて言ってみてください。

「私は、恋愛上手！」

「恋愛は楽しい！」

「次に本命が現れる！」

「今回は練習、次が本番！」

「ベストタイミングに、ベストパートナーに出会う！」

「結婚は楽しい！」

「結婚はベストタイミングにします！」

「結婚は最高！」

「私は、おだやかで、楽しい結婚をします！」


結婚していても、セックスに対してマイナスイメージを持っていると、セックスレスで悩むことがあります。

また、過去生において、出産や子育てで悩んだり、あるいは子供が病気や事故で早く亡くなっていると、それが心のトラウマになって不妊症で悩む場合もありますから、次のような宣言をおすすめします。

もしかしたら、過去生でたくさんの子供を育てて、今回はお休みをとっているかもしれません。ほかにやりたいことが見つかるかもしれませんよ。

「セックスは楽しい！」

「セックスは夜の運動！」

「セックスはコミュニケーション！」

「出産は楽々！」

「子育ては楽しい！」

「子育ては、今回はお休み！」

「子供は長生きする！」

あなたの「思い」が素敵な人を引き寄せます

古いパターンに気づいて手放したら、恋愛や結婚相手を具体的にイメージすることが大事です。**物事が現実化するプロセスは、まず①思うこと、②イメージ、そしてそれを③表現し語ることです。**

みなさんは小さいころに、空想癖《くうそうへき》がありませんでしたか？　黒柳徹子さんのベストセラー『窓ぎわのトットちゃん』（講談社）にもあるように、自分の夢をどんどんイメージ化して映画のように創っていくと、それが現実化するのが早くなります。スポーツの世界でも、このイメージトレーニングが大いに使われて成果を収めています。スパルタ式に、筋肉を痛めつける方式は古くなっています。

実は人生も同じで、「人生は修行」「結婚は修行」の時代は過ぎて、楽しく成長していく時代なのです。

それなら恋愛や結婚も同じです。失恋でうつになったり、自殺なんて、と～んでもない。

もっと気楽に乗り越えるのが二一世紀のやりかたです。

失恋してとても落ち込んで来院した女性が、思いっきり泣くつもりでタオルまで用意してセッションに臨んだのに、爆笑の連続でした。振られた相手が、恋愛に対してとても軽いノリで、何人も股にかけても平気な人だったのです。

彼の魂は、異星人と言ってもいいような地球での転生《てんせい》が少ない人でした。

「きっとタフタフ（多婦多夫）星から来たのね！」

「だからタフなんですね！」

とギャグで終わってしまいました。

歴史的に長い間、女性は我慢して忍耐を学ぶ時代が続きましたので、このへんで主体性を持って楽しむことが大切です。

男性も女性もそれぞれが精神的に自立して、べったり依存しあうのではなく、尊重しあって共に生きていけたら、最高の恋愛、結婚だと思います。

もちろん多様性の時代ですから、同性同士のパートナーシップもＯＫです。

自分で選んだ人生を大いに謳歌しましょう！

それでは、具体的なイメージの練習です。

★愛と幸せの習慣❷　理想の相手の条件を60項目書き出してみる

これは、自著『人生の癒し』でも失恋した人へのアドバイスとして紹介しました。ちょっと気分が変わって、ウキウキ楽しくなります。

私の場合は、参考までにこんな感じで書いてみました。

①　タバコを吸わない
②　目がきれいで魅力的な人
③　前向きな生き方
④　やさしい
⑤　信念を持っている
⑥　勇気とパワーがある
⑦　明るくユーモアがある
⑧　面倒くさがらない

⑨　映画、旅が好き
⑩　感性が豊か
⑪　食べることを楽しむ
⑫　品がある

など、これで一二個、この五倍が六〇項目です。

住む場所を探すときは、条件を細かく具体的に書き出したほうが、ぴったりの場所が見つかります。

パートナーも同じです。**自分の思いで人生を創造しているのですから、なるべく希望の条件をきっちり出したほうが、創造の元になっている宇宙エネルギーも応援しやすいのです。**

そして、軽いノリがいいです。思いが重いと、そのエネルギーの前提に、大丈夫かしら、本当に思ったとおりに可能になるのかしら、と疑いのエネルギーが感じられて、できるものも、その可能性が薄まってしまいます。

おめでたく、大丈夫と信じるほうがおトクです。

ジョーン・ガトゥーソさんの本『聖なる愛をもとめて』（ナチュラルスピリット）にも、条件を書き出したら四三項目になったというお話があります。そして、みごとにそのリストにぴったりの人に出会っています。

項目をいくつにしてもOKです。ここでは逆に三分間で書けるだけ書いてみましょう！　物理的な条件でも、精神面でも、あるいは一緒に生活するのですから、気になる癖や習慣まで、しっかり書き出してみたほうがいいでしょう！　時々ながめては、項目を書き換えてもOKです。

意識がやわらかくなると、条件づけも変わってくるからです。

そして、大事なことは、書き出した項目を自分もまず実行してみることです。

なぜなら、**宇宙の法則では、「波長同通の法則」があって、ことわざにもあるように「類は友を呼ぶ」、つまり、同じ波長の人や物、現象を引き寄せるということなのです。すてきな人と人生を共にしたければ、同じようにすてきになると、必ず出会えるのです。**

恋愛や結婚のパートナーは、自分にとっての鏡なのでしょうね！

まわりが「どうしてあんな人と一緒に……」と思って反対しても、本人が引き寄せたものは、必ずそのタイミングでとても必要な相手なのです。まわりがとやかく言えないのが、パートナーシップですね。

もし、激しいバトルが展開するような関係であっても、ある期間、どうしてもその体験が必要な意味があるはずです。

学びがしっかり終わるまでは、まわりがいくら反対しても続きますし、逆にまわりから見て、どんなにうらやましい条件の関係でも、本人がイヤになれば終わってしまいます。

自分が主体性を持って、人生のパートナー選びにしっかり取り組みましょう！

未来のパートナーはすぐそこにいます

具体的なイメージと条件づけができたら、もうその人が実在するという前提の意識で交流を始めてしまうことです。

これは、さらに自分の中の潜在意識を強化します。「もういる」という前提で行動しますから、潜在意識もすっかりその気になっていますし、もちろん、表面意識まで、あせりや不安がなくなって、ほどよい自信と落ち着きが波動として、かもし出されてきます。

もう彼が、彼女ができたの？　とまわりがびっくりするくらいキラキラと輝いてきます。

それが、いわゆる魅力になるのです。

ホルモンが活性化して、肌の色つやもよくなってきます。自信がなくて、うつむき加減だった姿勢まで、胸を張ってハートが開くと、心臓の近くのハートチャクラと呼ばれるエネルギーセンターが活性化して、愛のエネルギーがますますあふれ出てきます。

これは、未来を先取りした生き方と言ってもいいでしょう！

絶対に私のパートナーは生きている、どこかにいる、としっかり信じて疑わないことです。そうでないと、パートナーがこれから生まれてくるのでは、大変な年の差になってしまいます。もちろん、年の差は関係ないと言えば、ないのですが。

実際に二三歳、二四歳の年の差カップルを紹介しましょう！

二三歳違いのケース：八〇歳のおばあさんが、もう夫に先立たれて、念願のイタリア旅行に行ったら、五七歳のウェイターと恋をして結婚。日本に戻らなかったケース。ブラボー！

二四歳違いのケース：離婚歴のある四七歳の女性が、二三歳の青年と結婚。最初の一年間は、一歳違いの彼の母親の反対で勘当。二年目くらいから、逆に世代が同じ母親と意気投合して親友に。いまも仲良し。ブラボー！

では、寝る前の新しい習慣としてスタートしてみてください。

★愛と幸せの習慣③ 未来のパートナーとテレパシー対話

これは気が早いように思えますが、自分には、すでに肉体レベルではまだ出会っていないけれど、**すでに地上のどこかに生きている未来のパートナーと、意識レベルで早めに交信を始めることで、それが前提となり、現実化していくのです。**

何より、あせる気持ちがなくなり、自分の心が穏やかになってきます。

さらにおトクなのは、自分の意識レベルも高まり、出会いが近づくと、直感で、あるいはイメージで、前もってわかる現象が起きてきます。

ある女性のケースでは、出会いがもうないのではと、あせって自分にはぴったりと感じないけれど、妥協して結婚したら、とんでもない暴力夫だったので、必死になって離婚した後、この方法をしばらくやってみたら、本当にあせりがなくなり、どこかにいる感覚がはっきりしてきて、ついには、相手の状況が直感でわかるようになり、イメージのとおりに出会った人が素晴らしい男性だったのです。

お互いにべったり依存しないで、きちんと自立ができていて、深い精神レベルで理解しあい、穏やかな、平和な結婚を実現したのです。

彼女の名前は、ジョーン・ガトゥーソさん。とうとう体験をもとに、前に紹介した『聖なる愛をもとめて』という本を書いています。

では、これも寝る前にやってみましょう！

「ハロー、元気？　未来のだんなさま！」

「はーい！　ダーリン！」

とか、まず呼びかけて、

「今日はどうだった？　私は、とっても忙しくて、充実の一日。自分へのごほうびに、花を買ったの。あなたはどんな花が好き？　食べ物は？　同じだといいなぁ～。私はいま、平井堅の歌にはまっているの。お話ししたいわ～。あなたが彼に似ていたら最高！」

どうですか？　こんな調子でいかがでしょう？

テレパシーだから、声に出さなくて大丈夫！　もちろん、出したい人は出してください。

きっと、守護天使がそばで、にこにこと微笑《ほほえ》みながら、「ちゃんと会えるから大丈夫よ」と、あなたが生まれる前に書いた、今回の人生のシナリオを手に見守ってくれると思います。

これに近いのが、インターネットで知り合って、メールでやり取りして、しばらくしてから本人同士が出会ってみるというケースです。

実はかなり昔、平安時代にも、これに似たようなことがあったのです。

和歌でつきあいが始まるとき、実際に出会う前に、恋歌で盛り上がってから、会ってラブするのです。しかも、ろうそくの灯や月明かりの下ですから、お互いによく顔も見ないで、薄暗い中での恋愛だったのですね。ロマンチックにならざるをえません。恋愛の形も、また昔にもどってきているのかもしれません。

笑顔が「素敵な縁」を運んでくれる

いつ、どこで、そのパートナーに出会うかわかりません。そんなとき、暗い顔や、ぶすっとした顔をしていると、相手にいい印象を残せないのです。それに、その人を紹介してくれる人も、誰がその人なのかわからないなら、いつ出会ってもＯＫにするには、笑顔の習慣を早く身につけたほうがおトクです。

何といっても笑顔が一番！　笑顔で一日を過ごせたら、結婚相手との縁には困りません。**毎日出会う人に絶品の笑顔で挨拶や話ができたら、相手の人が喜んで縁を運んできてくれます。**

毎日、仕事に追われて出会いがないと思っていても、仕事で出会う人が、あなたの笑顔に魅せられて、ぜひ、うちの嫁にとか、いい人がいるので紹介したいとか、きっと話を持ってきてくれますよ。

私は朝の連ドラにはまっていつも見ていますが、主人公の女性は必ず笑顔上手です。それが、明るい印象をかもしだすからでしょう。

私もよく「先生の笑顔を見るとほっとします！」と言われて、とってもうれしいです。時には、「先生を見るだけで笑えます」と言われるほど、相手に笑いを提供する存在になっているようです。

いつも悩んで考え事をしていると、作曲家のベートーベンのように、眉間に深い縦じわができてしまいます。悩まないで笑顔を心がけると、だんだんその縦じわが薄く消えていきます。その代わり、笑いじわが目尻にちょこっとできて、とてもチャーミング！

あなたの笑顔で、まわりを明るく照らしましょう。

あなたも今日から笑いの天使！

★愛と幸せの習慣❹　魂から愛があふれる「笑顔の練習」をする

人間は一生かけても自分の顔を見ることはできません。せいぜい頑張っても鼻の先が少し見えるだけです。鏡に映る顔は虚像なのです。それなのに、まわりの人には自分の代表として顔を見せています。毎日が顔見世興行！（歌舞伎好きな人にしかウケないかも？）。

自己表現の中で、とても大事な顔で一番美しく見えるのが、やっぱり笑顔です。さぁ、あなたも鏡を見て、にっこり！

まず、自分自身に微笑んでみましょう！　この微笑にすっかり魅了されたのが日本の韓流ファンの女性たちです。かつては私も「冬のソナタ」にはまっていましたが、なぜ、こんなに「ヨン様現象」が起きたのかを知りたくなりました。

ちょうどそのとき、週刊誌「女性自身」に私が原案を提供した漫画「愛と光のクリニック」の連載が始まり、自然に週刊誌を見る機会が増えてきました。ヨン様の笑顔が何度も表紙になって、来日するたびに特集が組まれました。

彼の笑顔は決して表面的ではありませんでした。ファンが押し合いになって怪我人が出たときには本気で心配して、ファンの人たちを「家族」と彼は呼んでいたのです。魂のピュアできれいな人だとしみじみ思いました。愛情がたくさんこもった笑顔は、それだけで人々の心を溶かして癒すのですね。

今日も一日、笑顔で過ごしましょう。

魂から愛があふれる笑顔を振りまきましょう。

笑顔美人はすてきな縁がいっぱいです！

顔をほぐせば心もほぐれる

笑顔の練習をしていて、なぜか顔が引きつってしまった方はいませんか？

きっと、しばらく笑っていなかったのかもしれません。顔の筋肉が硬直しています。たくさん笑えると自然にほぐせますが、もっと効果的なのは、洗顔のたびに、しっかり自分で愛情を込めて、顔のマッサージをしてみましょう！

ここで、面白い実例を紹介しましょう。

ある三〇代の女性が、亡くなった父親のことで悩み、クリニックに来院されました。三一歳でも、すでに離婚まで経験して、ご自分でも「私の人生は波瀾万丈です。亡くなった父親がどうしているのか気になってしかたありません。父親っ子だったので……」。

「お父様は、ちゃんと、光に帰っておられますよ。あの世では、どうも笑いの学校に行っていて、最初の一年間で、まず固い顔面筋をマッサージすることに専念したようですよ」

彼女は、父親がなくなって以来八年間、笑ったことがなかったのですが、つぼにはまったらしくて大笑い。泣くつもりで来たのに、これは予想外だったようです。

「よくわかります。真面目《まじめ》な父でしたから、笑ったのを見たことがありませんでした。いつも真面目な顔をしていて。顔のマッサージに一年間ですか？　父らしいですね」

「中国の三国志の時代に、お父様とあなたは夫婦だったようですよ。彼が太い太刀をぶんぶん振り回しているイメージが出てきました」

「わかります！　父は、三国志が大好きで、本もマンガもビデオもすべてそろえていました。やっぱり夫婦だったのですか？　父のことがとっても気になっているので、納得です」

「お父様からのメッセージは、笑顔が大事、この世でよく笑っておくようにと言っていますよ」

この世で十分に笑わなかった人は、あの世に帰ってから、「笑いの学校」へ行くようです。**あの世では「笑い」がとても大切にされている**ようです。全国で「笑いヨガ」が人気なのもすてきな流れですね。

いま、時代は意識の変革で、次のステップへと大きくアセンション（次元上昇）するときだと言われています。キーワードは「愛と笑い」。

この二つをぜひ、ご自分の人生に、毎日の生活にしっかりと入れておけばバッチリです。時代に乗っていけますよ！

たまには時間を作って、エステサロンで顔のマッサージをしてもらうのも自分へのごほうび。リラックスタイムにもなります。

すでに、エステにはまっている人は、今度は自分で顔と対話しながら、どこが緊張しているかを知るチャンスです。

あなたも笑顔美人になりましょう！

★愛と幸せの習慣5 顔のマッサージをしながら「私はきれい！」

笑顔を美しくするには、顔の筋肉をやわらかく、動きやすくすることです。

私も朝と夜の洗顔のときに、必ず、十分な顔のマッサージと笑顔を鏡に映して見ます。私が、尊敬する大先輩、作家でデザイナーの宇野千代さんは、九八歳まで現役で、とても恋愛上手。いつも鏡を見ては、「私はきれい！」を連発して美しさを保ち続けました。先輩に続け！ です。取り入れてみましょう！

顔面マッサージと、「私はきれい！」の言霊《ことだま》パワーをぜひやってみませんか？

顔には表情筋が二二個もあって、それが連携プレーで様々な表情を作り出しています。

不安や悩みがいっぱいの人の顔は固まっていて、カチカチになっています。

とくに、鼻のまわりから頬骨にかけて、疲れたときに飛び上がるほど痛くなることがあります。ここを痛気持《いたきも》ちいいと感じながら、しっかりほぐすと、顔には体全体のツボがありますので、顔面マッサージだけで全身をほぐせるのです。

顔をやさしくほぐすのもいいのですが、指圧もおすすめです。顔の筋肉にもコリが出てくるのです。少し押しただけでも、かなり痛くなっていたら、ＳＯＳです。痛みが取れるまで、しっかり、指圧したほうがいいですよ。

体は、不思議な構造で、いろんなところが相似形になっているのです。

耳にも体全体のツボがあります。手や足にもあります。手相、足相、顔相、耳相など、そんな場所には「相」という字がついて、そこからその人のあらゆる情報が読み取れるとされています。

さらに、体だけでなく、**魂の歴史まで、わかることもあります**。チベット医学の脈診と虹彩リーディングです。脈診はインド医学のアーユルベーダでも重要な役割を果たしていますが、その人の前日の食べたものから、何年前に交通事故をしたとか、どんな病気をしたとか、さらにはどんな人生を繰り返してきたのか、魂の歴史までわかるからびっくりです。

私も、数年前にチベット医学由来の虹彩リーディングを、受けるチャンスがありました。私の目をのぞき込んで、しばらくしてから、読んでくれた方が、笑い出したのでびっくりしました。

「こんな虹彩は初めて見ました。バラの花の形をしていて、とてもカラフルです。あなたの魂は、たくさんの様々な人生を体験しているので、ウルトラ・クレイジーです。あなたの精神科医という職業にはぴったりです。どんなクレイジーな患者さんが来ても、あなたは大丈夫です。あなた以上にクレイジーな人はいないから……」

と言われて、複雑な心境でした。ウルトラ・クレイジーとお墨付きをいただいたのですから。

そこからクレイジードクターの誕生です。

瞳を読んでくれたのはデンマーク人の女性で、長くインドに住み着いていました。

後に、笑い療法の師匠で映画の主人公にもなった、パッチ・アダムス先生からも、同じように「クレイジー・ドクター」と命名されました。私のエネルギーを読み取ってくれたのでしょうね。彼も、すてきな笑顔美男子です！

身につける人の魅力を引き出すカラーとクリスタル

笑顔がすてきになって、自己表現ができるようになったら、次はファッション！　パートナーを引き寄せるカラーヒーリングを取り入れてみませんか？

まず、愛の色は、ピンクです。**淡いベビーピンクはハートからあふれる愛です。**女性がかわいらしくみえます。同じ色のクリスタル、ローズクォーツと一緒にトータルファッションはいかが？

母性を引き出したいときは、パール色。母性愛で相手を包み込みたいときにはぜひおすすめです。服の色は、白やアイボリーを。あるいは、パールを引き立てる、黒や紺のベルベットを。もちろん、パールと組み合わせて。本物のパールがないときは、限りなくそっくりのものでもOK！　自分がパールの波動をかもし出せばいいのですから。

カルメンのように、情熱的な恋愛をしたいときには、赤と黒がぴったり！　フラメンコを踊りたくなるかも。アクセサリーには、金やルビー、ガーネット、カーネリアン、メノウなどがおすすめです。

大人の恋愛には、薄紫や紫を。紫を着こなすのは、とても難しいと言われています。薄紫のラベンダー色なら、やわらかく、神秘的に見えます。クリスタルは、アメジストやチャロアイトがぴったり。

理知的に穏やかなプラトニックラブをしたいときには、水色やトルコブルーを。アクアマリン、ブルートパーズやトルコ石がぴったりです。ブルーはのどのエネルギーセンターの色なので、自己表現が活性化され、コミュニケーションが円滑になります。

宇宙的な、個性的な恋愛には、ピンク紫、マゼンタ色を。サイケ調にブルーやいろんな色と組み合わせてもすてき。ほとんど宇宙人に近いファッションかも。普通のファッションで満足できない方には、ぜひおすすめです。

そういえば、笑いの師匠、パッチ・アダムス先生も髪の毛は、ブルーに染めて、ファッションは派手なサイケ調でした。初めて、ワシントンの事務所でお会いしたときには、明るいブルーのシャツにピンクのズボンをお召しになっていました。一方、私は、髪をピンクに染めています。最近は、ピンクやアイボリー色、ワインレッドやフラミンゴ色などをよく着ています。

マゼンタ色は、紫の仲間で、ピンク紫ともいいます。霊的にはもっとも完成度が高く、宇宙的な大きな愛を表現しています。クリスタルとしては、ピンクトルマリンやレインボークォーツ、ギリシャの美の女神と同じ名前がついたアフロディーテがぴったりです。

明るく、元気に自然の中で、テントやログハウスでの生活を楽しむアウトドア派の恋愛には、グリーン、茶、黄色、オレンジを。アクセサリーには、フローライト、アベンチュリン、ひすい、シトリン、琥珀、メノウ、レモントパーズ、革製品、木彫りなどがおすすめです。

きっと過去生でお互いに修行をしていて、今生でやっと結ばれる恋愛をお望みの方、仏教系には、オレンジ、あずき色、白と黒を。アクセサリーには数珠のような、ネックレスやブレスレットで、ラピス、アメジスト、クリアクォーツなどをおすすめします。あるいは、まったくアクセサリーをつけないのも、印象に残るかもしれません。化粧もまったくしないか、限りなく薄〜くがいいと思います。

キリスト教系なら、灰色、白と黒を。アクセサリーは、なんと言ってもクロスでしょう。何気ないそんな形や色合いが、昔好きだった修道僧や牧師さんをちゃんと引き寄せて、「あっ、この人だわ！」とピンと来る演出を生み出すのです。もともと人生は自分たちの思いで創り上げているのですから、自己演出が大切です。

裏街道のお仕事で一緒だった相手に会うには、やはり目立たない黒が一番。革や鎖、サングラス、ブーツ、銀製品が合います。

私は、ファッションが大好き。頭の中に仕事以外のファッションファイルがあって、色合わせをしていくのが、楽しみです。講演会もまず衣装をどうするかを考えます。というか、それしか考えません！

講演の内容は、そのときにタイムリーに体験した話、症例からのヒントを、参加者のエネルギーを感じながら、エネルギーのキャッチボールで進めていきます。最初のころは、スーツや帽子から、笑い療法のためにイルカやクジラなどに変身していましたが、最近はマリー・アントワネットやローズ姫など、だんだん衣装も派手になってきました。

みなさんも、**日常生活の中で、毎日が舞台だと思って、たとえ家にいるとしても、季節に合わせた、あるいは、今日のテーマとして、きちんとアクセサリーもしてみたらいかがでしょう！**

「今日の気分」に合わせたヒーリングファッション

今日のあなたの気分に合わせて、今日のファッションの色合いを決めていきましょう！

仕事や買い物、デートのときだけでなく、家でリラックスしているときも、おしゃれに色合いをそろえて、それにぴったりのアクセサリーを一点でもいいから身につけて、自己演出を楽しみましょう！　色合いを決めてから、それに合わせて、アクセサリーも決めていきます。「普段からおしゃれに！」は、大好きなオードリー・ヘップバーンの写真集を見てからです。

クリニックでクリスタルを使うようになって一八年たちました。それまで、宝石しかなかったのに、新たに、カラフルな石、クリスタルのアクセサリーがぐんと増えました。クリスタルは、宝石よりも安くて、様々な色合いがあって、使いやすく、何より、癒しや浄化の働きがあるので、自分を守ったり、浄化したり、疲れを取ったりと、とても便利です。

本書のアドバイスを参考にして、ぜひあなたも、カラーヒーリングとクリスタルヒーリングで、すてきにキラキラファッションを楽しみましょう！

恋愛・結婚運とセックスの不思議な関係

ファッションの次に、えっ、セックスに飛ぶの？　とびっくりしているあなたにこそ、ぜひ必要で、大切な内容なのです。

二〇代、三〇代の女性で、結婚したいけれど、できない悩みでクリニックにいらっしゃる方には、表面は結婚したくても、男性に触られたくない、セックスは苦手という方が多いのです。つきあいだして、そのような雰囲気になると、イヤになって気まずくなり、縁が遠のいてしまうのです。

患者さんに、「相手とキスができそうならＯＫ、イヤなら結婚は無理よ！」と話しています。やはり、恋愛や結婚とセックスは、切り離せないからです。

ここでは、**体から順にほぐして、セックスに対するブロックを取る**習慣を紹介したいと思います。

もちろん、自分でマスターベーションをして、自分の体の感じる部分、性感帯を知っておくこと、普段から自分で、定期的に刺激をして、活性化しておくことも大切です。男性の場合は、若い人は、とくに性欲が旺盛ですから、恋愛や結婚をしていなくても、マスターベーションは必要で、みなさんやっているはずです。それを習慣にしていないと、いざという大切なときに、うまく本番ができません。

クリニックには、結婚していても、セックスがうまくいかないケースや、不妊症のケースも多いのですが、セックスを十分に楽しめないようです。

排卵日を気にして、喜びやロマンチックな雰囲気をつい忘れてしまいがちです。

セックスは種の保存や、恋人や夫をつなぎとめるだけの我慢する義務ではないのです。ちゃんと、生きる喜びやカップルの間の大切なコミュニケーションのためでもあるのです。

肉体レベルだけでなく、精神レベルでも深くつながれば、二人のエネルギーが美しいスパイラルを描いて、宇宙に飛べるほど、神聖な高まりにまで到達できます。仏教では、そこまで極めて宇宙の真理をつかむという最高の修行になっているほどです。

二〇〇二年にチベットへ旅をしたときに、タンカと呼ばれる仏画を寺院でたくさん見ることができましたが、一番上のほうに、男女の合体図が描かれていていてびっくりしました。

仏像にも合体のものがありました。布で腰の部分を隠してあったので、好奇心から、思わずお賽銭がたくさん布に載っているのに、めくってみましたが、残念ながら、暗くてよく見えませんでした。

一緒に行った仲間に「啓子せんせいったら～！」と笑われましたが、みんなも一緒にのぞき込んでいました。

一方、キリスト教は、セックスに対して、汚いものという意識をずいぶん植えつけて、抑圧しました。日本での仏教もセックスを抑圧していましたが、キリスト教ほどではありません。門前町には必ず廓《くるわ》があって、お坊さんが通っていましたから。

みなさんの中にも、過去生で仏教やキリスト教を学んでセックスに対する抑圧が残っていると、なかなかパッとは自由に飛び込めないと思います。

少しずつ体をほぐすためには、マスターベーションのほかにマッサージがあります。

スキンシップが苦手な人は、気持ちのいいマッサージをまず受けて、「スキンシップは気持ちいい」と思い込めるまで、通ってください。最初に香りを使ったソフトなタッチのアロママッサージをおすすめします。

ほかにちょっと痛い方法では、ハリ治療、指圧、ロルフィング、カイロプラクティックなどがあります。「痛気持ちいい」がお好きな人のコースです。韓国に行く機会があればアカスリもいいかも。私はまだ体験していないので、何ともコメントできませんが。

次に、自分でセックスのブロックをはずせる習慣を伝授しましょう！

★愛と幸せの習慣 7 恋愛のトラウマを癒す「そけい部マッサージ」

自分でできるマッサージは、「そけい部のマッサージ」です。

そけい部とは、太腿《ふともも》のつけ根の部分です。性器に近くて、普通のマッサージでは、デリケートな場所なので、触らないと思います。恋人やご主人にやってもらえたら、そこから自然にセックスに移行して、さらにいいかもしれません。

パートナーがいない人は、自分でやってみましょう。自分で探りながら、指圧をしたり、もんだりしてみてください。できれば恥骨（ヘアの上部の生え際の下にある骨）の上も。ヘアの部分も、丁寧にほぐしてください。

インドのアーユルベーダのマッサージは、下着も全部脱ぐので、アロママッサージよりもオープンに、デリケートな部分を自然にさりげなく触れてマッサージをします。そのせいか、やさしいハンドヒーリングで子宮筋腫が溶け出して、小さくなるそうです。それを聞いて、これはいけるかもと、この「そけい部マッサージ」を思いつきました。

過去生で複数の男性にレイプされたトラウマが残っていると、そけい部が閉じて、固くなっています。レイプだけでなく、正式な結婚でも、夫の強引な、暴力的な、あるいは愛のないセックスをずっと我慢していた時代の感情が残っていると、セックスのブロックになっています。

そして、セックスの最中には、演技をしないで、ちゃんと要望を言い合えるような関係がベストです。「いったふり」は、後の結婚生活が長いので、自分がつらくなります。正直に、オープンでいましょう！　きっと、最高のセックスを楽しめます。

どうですか？

これで、理想のパートナーに、いつ出会ってもOKになれそうでしょう！

実は、この後の四つの章をこなしていくと、またここにもどって、さらに恋愛や結婚もハッピーになる仕掛けになっています。ぜひ、また読み直してみてくださいね！

では、次の章へGO！

第2章

その「人間関係」の意味を知れば、すべてがうまく回りだす！

親子、家族…すべての出会いは自分が選んでいる

私たちは、生まれたときには、産んでくれた母親と、それから、父親、兄弟姉妹、祖父母、近所の友達、学友、先生、同僚、上司、部下、恋人、結婚相手、子供、子供関係の友達、ＰＴＡ関係、近所づきあい、結婚後の親戚、嫁、婿、孫、ひ孫、医師、看護師、同じ病室の人、グループホームの職員、介護者など、人生が終わるまで、ずっと、人間関係から離れられません。

どんなに人間嫌いでも、最低限のつきあいがあるものです。

大事な基本になるのは、やはり親子関係です。

一八年前から、ユニークな治療法として、過去生療法をやるようになってから、この親子関係について、びっくりのしくみを実感しました。

カナダやアメリカの精神医学の分野で、ブライアン・ワイス博士が、精神医学に催眠療法を正式に取り入れて、いままでの治療法では、治らなかった恐怖症が催眠療法（ヒプノ

セラピー）ですっかりよくなった事例を発表しました。その治療過程から、生まれる前に、人生のシナリオを自分で書いてくることがわかったり、両親も自分で選んでくることまで、だんだんわかってきました。

私も、このニュースには、びっくり。とても興味はありましたが、当時は、まだ母親とうまくいかなかったので、自分で母親を選んだことは、絶対にないと思い込んで、この説を受け入れるのには、とても時間がかかりました。

ですから、たまたま、この本に出会って、いま、かつての私と同じように、抵抗を感じる人が多いと思います。簡単には納得しないほうがいいですよ。だって、大事な人生のとらえ方の問題ですから。ものの考え方、生き方に関しては、それが大きく人生に影響を与えるので慎重を期すのがいいと思うのです。

過去生についても、私は、本まで書いていながら、まだ少し懐疑的です。タイムマシンができてから、本当に信じられるかと思っています。過去という実体があるのかどうか？全部いまの延長のようにも感じられるからです。

患者さんの、意識が、過去生のヒントで、楽に変わるので、使っているのです。だって、時間という概念も思考の範囲ですから、所変われば、意識レベルが変われば、時間という質が変容すると思うからです。

でも、自分で親を決めているということは、信じざるをえないと思います。

そのことを覚えている子供たちの証言がたくさんあって、本にもなっているからです（ジョナサン・ケイナー編『お母さんをえらぶ赤ちゃん』、池川明著『ママのおなかをえらんできたよ。』など）。

日本のケースで、ある子供は、両親が結婚する前に、熊本城でデートをしたときのことを覚えていて、空からながめていたというのです。そのとき着ていた母親のワンピースの柄と色まで、覚えていたのですから。

そう考えると、カップルを結びつけるキューピッドとは、生まれてくる予定の子供の魂、光の存在なのかもしれません。愛と幸せの習慣3「未来のパートナーとテレパシー対話」をさらに応用できます。

生まれてくる子供、自分を親に選んでくれた子供の魂さんに、お願いして、テレパシーで「あなたのお父さんになる人にちゃんと会わせてね！」と頼んでおけばいいのです。

子供が早くほしい方には、この方法もありですね。


もし、自分が、生まれる前に親を選んだとしたら、人間関係の基礎になる両親との関が、

そう思うだけで、ぐっとよくなってきます。

なぜなら、親のせいにできなくなるからです。自分の責任、まさに自己責任。親のせいにしていた習慣が、一八〇度変わってしまいます。最初は、つらいのですが、この大きな意識の変革ができたら、人間関係が一気によくなっていくのです。

まず、**母親からは、信頼を学びます。**

母親からいじめられたり、「あんたなんか産むんじゃなかった！」ときつ〜い言葉を言われた人は、間違いなく、自己否定の感情と罪悪感がハートに詰まっています。

いままでは、そんな無慈悲なことを言った母親が悪いと決めつけていたのに、急にそういう母親をなぜ自分は選んだのか？　と自問自答して、結局は、この体験をしたくて、このセリフを母親に言ってもらったのは自分自身だ、という結論が出てきます。

誰のせいでもなく、自分が魂の成長のために引き寄せた現象にすぎないとわかるのです。

これがわかると、ドミノ倒しのように、次々と人間関係の謎解きができていきます。

では、父親からは、何を学んでいるのでしょう？

父親からは、社会性を学びます。

だから、ズボンのチャックが開いていると「社会の窓が開いている」と表現するのね〜？

これはギャグですが、でも、本当に、**父親は、しっかり「社会の窓口」なのです。**

社会で働いて、家族のために経済的な安心と保護を与えているのですから。だから、**ひきこもりのケースは、父親との葛藤が多いのです。**

きっと過去生で、村八分にされたり、集団のいじめにあったり、村の人の密告で迫害を受けたりと、つらい思い出がトラウマになっていると、その感情が、潜在意識から立ち上ってきて、怖くて社会には出て行けません。社会の窓口である父親とも、うまく交流ができないのです。

ですから、これも父親や学校、会社が悪いのではなく、本人の潜在意識に残っていた感情が解放されるまで展開する、本人の思いで創られたパターンの再現なのです。やがて、恐怖が解消されて、必ず晴れ晴れとした夜明けがやってきます。

いま人間関係で悩んでいても、ＯＫなのです。解放される喜びを必ず味わえるので、楽しみにしていましょう！

★愛と幸せの習慣❽　親を無条件で受け入れる

まずは、信頼を学ぶ母親と社会性を学ぶ父親を、無条件で受け入れてみましょう！　このお二人がいなかったら、地上に生まれて来られなかったのですから。とってもシンプルな理由です。

そして、そのお二人を、生まれる前の自分が選んだということも、とりあえずそう思ってみましょう！

抵抗がある人も、ちょっとでもそう思ったら、意識を変えられるので、やってみたほうが、おトクなのです。

「産んでくれてありがとう！」
「育ててくれてありがとう！」
「家庭を守ってくれてありがとう！」
「経済的に支えてくれてありがとう！」

心の中で、思うことは、必ずエネルギーで瞬時に相手に伝わります。

ご両親を受け入れて、感謝の思いをふと思うだけで、とってもやさしくて、気持ちのいい、やわらかい雰囲気が伝わって、ご両親を包んで、お二人が、幸せな気分になるのです。もちろん、送ったほうも幸せ気分！

気持ちが高ぶったら、ついでに電話をかけて、近況報告でもしてあげてください。さらに、ハッピーな気持ちになりますよ。手紙はたくさんの思いを書くことで、相手は何度も読み返すことができます。

最近はメールもおすすめ。私も、母の誕生日に携帯電話をプレゼントしました。最初は、空文が送られてきたり、次は「メ」だけ送られてきて、大笑い。やっと三度目に「メールをありがとう！　ゆっくり勉強します。母より」とありました。温かい気持ちがじーんと伝わってきました。現代文明を活用するのも、すてきです。

きょうだいからは「分かち合い」を学ぶ

では、兄弟姉妹からは、いったい何を学ぶのでしょうか？

人と分かち合うことを、まず、兄弟姉妹から学び始めます。

人数が多いほど学びの程度が上がってきます。まず、兄弟姉妹の中で、もまれて、社会の縮図を体験しています。

もちろん、例外もありますが。小さいときに弟が大好きなおかずを最後に残していたら、母のクレーンのような手が、「あら、いらないの～？」と伸びてきて、あっという間に母の口へ。あのときの弟の涙は忘れられません。

大人になって、親が亡くなった後に、醜い遺産相続が展開する家もありますが、そうならないように、意思疎通と楽しい家族ぐるみのつきあいが大事です。

遺産相続争いのときに、ちょっと寂しいフレーズがよくつぶやかれます。「兄弟は他人の始まりだ」と。魂レベルで見ていると、とても縁の濃い兄弟や姉妹があれば、とっても薄くて、本当に他人と同じ場合もあります。さりげなく言われていることは、なかなかの真理を表現していますね。

同じ親から生まれても、縁の薄い兄弟姉妹とは、大人になると、ますます薄くなり、冠婚葬祭だけ、顔を合わせるようになります。とても仲がいいと、過去生でも親子や夫婦、あるいは共に修行を学んだ仲間だったりします。

すべては、ケース・バイ・ケース、もっと正確に言うと、魂・バイ・魂です。

兄弟姉妹で仲がよくない場合、あまり深刻に悩まないでくださいね。「きっと縁が薄いのだわ～」と気楽に！

無理に仲良くしなくては、と不自然に無理をすると、かえってギクシャクします。自然のままに、冠婚葬祭でたまに会ったときにも、笑顔で挨拶を！

私の場合は、おかげさまで、仲のいい弟が二人。義理の妹たちとも仲良しです。ありがたいなぁとしみじみ思っています。

最近のケースをちょっと紹介。兄弟で会社をやっていて、社長である病弱な兄のもとに「弟に会社を乗っ取られるぞ～」と、よけいなお世話の耳打ちをした人がいて、兄を愛する元気な弟はびっくり、がっくり。

悩んでいた弟さんのセッションで、過去生の二人の関係を見たら、戦国時代に、異母兄弟で後継ぎ問題に巻き込まれた時代が出てきました。「なるほど！ ザ・過去生」と納得でした。

今生は泥沼化せずに、「海外へ発展する」という発想転換で、みんながハッピーになる流れに収まることになっているようです。

やっぱり、すべてはうまくいっている！

祖父母からは「哲学」を学ぶ

最近は、核家族が増えて、祖父母と同居するケースは少ないかもしれませんが、それでも両親と違った味があって学びが大きいですね。

みなさんも、小さいころの祖父母との、懐かしい思い出が残っていませんか?

知らないうちに、祖父母の存在は、私たちの精神構造に、生き方、つまり哲学に大きく影響を与えてくれているのです。

その意味を、しっかり理解できたのが、私の大好きな実践哲学の参考書『神との対話』(サンマーク出版)を読んだとき、教育論の部分で、子育てに向いているのは、五〇代からと書かれていてびっくりしました。

産むのにいい二〇代とはずいぶんかけ離れていると思ったのですが、自分を振り返ったときに、精神面で大きく影響を受けているのは、まさに祖父母、五〇代からという理論にちょうど当てはまるのです。祖父母が子育てに参加して、OKなのです。むしろ、まだ人生経験の浅い、若い両親よりも人生の先輩として、とても知恵者なので、交流したほうがいいと思います。

いまからでも、どうぞ、祖父母にいろんな話を聞いてみてください。喜んでご自分の生きてきた体験を語ってくれますよ。

小さいころ、弟が、母方の祖父母の家に行ったまま、帰らなくなったので、私が迎えにいったら、まさに「ミイラ取りがミイラになった」現象で、私も楽しくて祖父母の家にしばらくいることになってしまいました。子供向けの派手なおもちゃがあるわけではなく、大きな石と池と植木がいっぱいの庭、その大きな石には、近くの神社の宮司《ぐうじ》さんが書いた字、「神〜」という字が長〜く伸ばされて、金の色で刻まれていました。

母方の祖父は、大変な努力家でした。昔の国鉄、いまのＪＲに勤め、機関士のときに英語を勉強したくて、中学の教科書を一枚ずつ帽子の裏に隠し、石炭を入れるとき汗を拭くたびに読んでは、暗記したそうです。それが実って、英国の機関車の教科書『機関車講義』を訳して講師になってしまいました。百科事典を読み込んでいましたし、人々を家に集めてはよく哲学の講義をしていました。小学生のとき、その話を大人に交じって聞くのがとても楽しみでした。

いつもニコニコ笑顔の祖母が、模造紙にマジックインクで書かれた巻物の説明文を祖父の講義に合わせて、ゆっくり巻いている姿が、懐かしく思い出されます。

遊びに行っても、まず、問答があってそれにちゃんと答えてから、遊ぶことになっていました。哲学的な問答だけでなく、時には、$(a+b)^2=a^2+2ab+b^2$ を図示して説明せよという問題を小学生のときに出されてびっくり。クイズのように考えて解けたとき、おじいちゃんに、「おう、よしよし、これでよし！」と言われて、とてもうれしかったことが、いまでも強く記憶に残っています。

祖母は、佐賀出身の勉強家で、科学者のキュリー夫人を目指して東京に出て、お茶の水女子大学の理科を卒業しました。祖父と結婚してからは、主婦と子育てに専念して、いつもニコニコ、まるで良寛さんのように、「よかたい、よかたい」を口癖に、笑っていた「笑いの天使」でした。祖父の足や腰をマッサージしている姿が、印象に残っています。

九二歳まで、いつも笑って、ボケずに、吉川英治の歴史小説を読み直し、般若心経《はんにゃしんきょう》の写経をして、ある日、編物をしながら、ソファの上で、ことっと大往生をしました。私もあやかりたい、あの世への帰り方を見せてくれた、すてきな人です。

★愛と幸せの習慣⑨　祖父母へのインタビューでご先祖とつながる

祖父母と同居していても、きちんと話を聞いてみることは、少ないかもしれません。まして や、離れて暮らしていたら、話すのはお盆やお正月くらいでしょうか？

あえて、意識して、人生について祖父母に、インタビューしてみることをおすすめします。

もうあの世に帰ってしまわれた方は、お近くの、年配の人に聞いてみたらどうでしょう？

ぜひ、その人なりの人生体験、感動したこと、どうやって、いろんな問題を乗り越えてきたかを尋ねてみてください。必ずいいヒントをもらえますよ。

そして、**生命の連鎖がつながっているので、祖父母と語るときに、自然に、自分たちのご先祖とエネルギーでつながることになります。**

ついでにお墓や仏壇にも手を合わせると、その相乗効果は、ご先祖のパワー、応援をもらえることになって、地に足のついた、しっかりした人生展開になっていきます。

沖縄の友人の息子さんが、おばあさんにインタビューをして、長生きの秘訣を研究してみました。子供新聞にも載りましたが、第一位が「ゆんたく」（沖縄語でおしゃべりのこと）でした。

やはり、話をすることは、心と体の両方にいいのですね。

沖縄のおばぁ（おばぁさんのことを親しみを込めて呼ぶ）二人が楽しそうにゆんたくをしているのを観察すると、二人とも相手の話を聞かずに、好きなように話しています。時間が来ると、「だからよ～」という結論を出さずに棚上げする便利な言葉で、ゆんたくを終わらせています。

自分のやりたい方向ですでに成功して引退した方に、インタビューしたり、その方が書いた本を読むことも、おすすめです。

より具体的な、役立つヒントがたくさんもらえると思います。もちろん、人間関係に関する、大事なヒントも！

父親は社会の鏡

家にいる間は、家族が日々の魂の学びとして、相手をしてくれます。自分の鏡になってくれているのです。

学校へ行くようになると、担任の先生やクラスメイト、部活の先輩や後輩、顧問の先生など、一気に、人間関係が広がってきます。

学校の人間関係でつまずいて、学校に行けなくなる、不登校、登校拒否のケースが増えています。もちろんそれぞれのケースで、状況が違うのですが、共通しているのは、父親の存在が薄いことです。

父親との交流がしっかりしていると、前述したように、「社会の窓口」がしっかりしていて、何とか乗り越えますが、父親のパワーが弱いと、家に閉じこもってしまいます。

もちろん、本人が親を選んでいるのですから、登校拒否の人生体験を今生で体験する予定の場合は、そうなるように、逆に存在の薄い父親をわざわざ演じてもらっているのです。

同じ両親でも、兄弟姉妹に自分にとっての親を語ってもらうと、まるで別人のようにそれぞれにとって違う人物像が浮き出てきます。

クリニックでは、初診のときに家族歴を聞くので、いままでの体験からそれを強く感じました。

そして、さまざまな体験を経て、本人の意識が変化すると、それに共鳴して、親の役割、態度、セリフまで変化してきます。

社会への恐怖がなくなってくると、父親との関係がよくなり、その逆に、父親との関係がよくなってくると、社会に出るのが怖くなくなって、外出もできるようになってきます。

このヒントを知ると、まわりの人に対しても、対応が少し変わってくると思います。

お互いが鏡だという意味は、それぞれが相手をどのようにイメージしているかが、みごとに映し出されているからです。

私も、学校ではよくいじめられて、忙しい父と顔を合わせる時間もなく、十分に登校拒否になれる条件はあったのですが、母が父の悪口を言わず、きちんと父の存在を感じられる話をしてくれました。さらに同居していた父方の祖父が、私の面倒をとても丁寧に見てくれていたので、めげずに学校へは通っていました。

逆に、授業が面白くない先生の靴の中に、「もっと授業の予習をちゃんとしてください」というメモを入れたりして。きっとメモが足にチクッときたでしょうね！

その先生はちゃんとそれなりに予習をしてくれるようになりました。もちろん、私もチクッとやった以上は、ちゃんと勉強をしました。きっとその先生に父親役をしてもらったのかもしれません。

職場の人間関係がぐんとラクになる言葉のパワー

学校を出てから、いよいよ社会に出ると一気に人間関係は予想もつかないバリエーションに広がります。

会社であれば、同僚、上司、取引先の人、お客さん、私の場合は、病院で上司、先輩、患者さん、患者さんの家族、看護師さん、ソーシャルワーカー、スタッフなど……職場を替わるたびに、また人間関係が変わってきます。その中で、気の合う人、合わない人が出てきます。時には、意地悪をされることもあります。

あるケースで、会社内でグループによるイヤがらせを受けて、うつ状態になって、会社を辞めたいと言う男性の場合、原因は彼の才能に対する嫉妬《しっと》でした。

その状況を引き寄せた原因は、戦国時代に彼の戦法で滅びた一族の仕返しだったのですが、それに合わせて、古戦場の浄化と、彼の独立へのきっかけにもなっていたのです。

本音は、もう人に雇われたくない、自分で旗揚げしたい思いがとても強く、吹き出しに、

「独立したい！　冒険してみたい！」と心で叫んでいました。そして彼へのメッセージは、「負けるが勝ち！」という言葉でした。この言葉でストーンと腑に落ちたのです。

すっかり、エネルギーが落ち着いて、下腹部のエネルギーセンターの丹田《たんでん》に、どーんと温かいパワフルなエネルギーがあふれました。タイミングもバッチリです。ピンチをチャンスに生かしていけるでしょう！　これからが、とても楽しみです。

社会に出て、仕事から学べるものは、一体なんでしょうか？

①　仕事そのものから技術を学んで、才能を磨く場合
②　仕事内容よりも、人間関係が主流で、どう対応していくかを学ぶ場合
③　気（エネルギー）の使い方を仕事や人間関係を通して学ぶ場合

と三つに分けられます。

いまのあなたの仕事から、どれを学んでいますか？

ほとんどの人は、三つのブレンドだと思いますが、人によって、どれを重点に置いているかが違うと思います。

そして何より、大切な仕事から、得られる喜びは何でしょうか?

①仕事を通じて、能力を発揮して、達成感を得る
②人間関係から、生き方や性格が磨かれる
③創造力やアイデアを使って、作品を創る

実際は、もっとあるでしょうが、何事もシンプルに三つまでが適当かもしれません。生きる喜びを感じながら、自分が成長できれば、やりがい、生きがいが生まれて、仕事を続けていけるのだと思います。

その中で、出会う人々との縁は、なかなかのものです。とても気が合って、一緒に仕事をするのが楽しくてうれしいときは、きっと以前にも、別の時代に、同志として意気投合した活動を共にやっていたのだと思います。大いに楽しんで、その縁を大切にしたいものです。

逆に、先ほどのケースのように、**意地悪やイヤがらせの場合は、昔とは立場が逆転していて、双方の立場を体験することで、卒業していく**ようです。また、そのことで、会社を

辞めたり、部署を替わったりした場合は、変化のためのきっかけも兼ねていると思うと、プラスに捉えることができて、気持ちが楽になっていきます。

先輩のいびりに耐え兼ねて、相談した相手と親密になり、寿退職をして、結婚に変化したケースもありました。いまは子育てを楽しんでいます。きっかけを作ってくれて、むしろその先輩に感謝しているそうです。

その先輩は、彼女の人生の中では、大切な悪役スターなのですね。こうなると、意識は、素晴らしく突き抜けて、おめでたくなっています。

こんな人が増えてほしいと、意識革命の活動を楽しくやっています。

仕事から得られる喜びを、少しでも実感できれば、多少のストレスはいい刺激になるでしょうが、喜びを感じなくて、むしろ苦痛とため息だけだと、どんなストレスも体に蓄積して、刺激よりも疲労になって、ついには過労でダウンするといったパターンを作り出すと思います。

同じ仕事をしていても、ある人は、疲れ果て、ある人は、いつもニコニコ張り切って、飲んでしゃべって、ストレスを上手に解消する。どこか意識の持ち方で違うのでは、と思いませんか？

やりがいのある仕事を探すか、いまの仕事をやりがいのあるものと思える考え方に変えるか、自分の好きなコースを選びましょう。

私も、診療のほかに、講演会、ワーク、セミナー、クリエイティヴスクール、雑誌の連載、本の執筆など、多面的に仕事をこなしています。とても楽しくて、生きがいにあふれています。疲れを効率よく取る方法は、自ら試して、合点《ガッテン》がいくものだけ次に紹介しましょう！

まず、**「疲れた～」「忙しい～」を口癖にしない！**

心配して聞かれても、「おかげさまで！」「大丈夫、元気よ～」「とっても充実しているの！ありがとう！」と私は答えるようにしています。

言葉にパワーがあるから、なるべく、すてきな表現をするようにしていると、気分がまったく違ってきます。

「お疲れさま」の代わりに、「お元気さま！」を習慣に言ってみましょう！

あなたも、試しにやってみてください。

体にたまったエネルギーをほぐすには、次の方法三つがおすすめです！

★愛と幸せの習慣⑩ イヤなことをいわれた日は「脇のリンパマッサージ」

人間関係からくる過度のストレスは、不必要な緊張と、相手の言葉や感情のエネルギーを自分に取り込んでしまった場合、脇のリンパ節や胸骨の裏にある内分泌腺・胸腺にたまります。

まず、脇のリンパ節のマッサージをやってみましょう！　金メダルの北島康介選手の名せりふに一字つけ加えると、「超、痛気持《いたきも》ちいい〜！」のです。脇をほぐしてみて、まったくしこりがない方は、とても自然体で緊張しないで生きています。二一世紀の生き方として進んでいます。ブラボー！　かなり、痛い人は、要注意！　まだ、二〇世紀の真面目、緊張型の生き方にはまっていて、そこから抜け出して、ステップ・アップが必要です。

さらに、おトクなのは、ガチガチの肩こりが、脇をほぐすことで、みごとに解消です！　がっちりとした肩のご主人や彼の肩こりマッサージに疲れている方にも、省エネになります。ずっと少ない力で効果がありますから。ぜひ、お試しくださいね！　日頃のうっぷんもさりげなく晴らせるかも！

★愛と幸せの習慣11 対人関係がラクになる「胸腺マッサージとハレルヤ」

（憧れの）胸の谷間から「みぞおち」にかけての、ちょうど肋骨の付け根の胸骨の裏側に、胸腺があります。平べったくて、縦長に薄いリンパ組織です。ここに、対人関係のストレスがたまりやすいのです。

この胸骨部分を両手の指先で、軽く押し、前かがみになって、「ハーッ！」と声を出しながら、吐き出すと、これまた、気持ちいいのです。数回やった後で、今度は、正面を向いて、「アーッ」と気持ちよく、楽なトーンで声を出してみてください。これも数回やった後、最後に、「ハレルヤ」の数節を歌います。ああ、なんて晴れやか！　雲が晴れてきて、青空に！　夜だったら、星空に！

これで完了です！

自分で触ったときに、痛いと感じた部分に、ぜひ、お気に入りのクリスタルをペンダントにして、高さも合わせて、身につけてみてください。クリスタルが疲れを吸い取ってくれて、すっきりです。しかも、とってもおしゃれです。

★愛と幸せの習慣⑫
「胸の上をぐりぐり」してハートチャクラを開く

両手を握って、猫の手のようにして、自分で鎖骨《さこつ》の下、おっぱいより上の部分を真ん中から脇に向かって、ぐりぐりと、げんこつを軽く回転させながら、マッサージします。

これも、人によって、痛気持ちいいところが違います。痛いところは、念入りにマッサージして、よくほぐしましょう！

この部分は、大事な、ハートチャクラと呼ばれるエネルギーセンターです。

心がリラックスして、信頼していると、ハートチャクラが開いて、愛のエネルギーが、湧き出ています。

逆に、ここが詰まっていると、親密な人間関係がなかなか築けません。人間関係をうまくやっていくには、とても大切な部分です。

ここが詰まるのは、主に、不安、恐怖、罪悪感、羞恥心などがたまっているときです。

さぁ、気持ちよく、猫になったと思って、やさしく、胸の上をぐりぐり！

自分の呼吸の深さを知っていますか

私たちは無意識に呼吸をしていますが、実は、非常に浅い呼吸になってしまいがちです。とっても大切なことなのに、呼吸については、家でも学校でも職場でも、誰もきちんと教えてくれません。ヨガ、気功、太極拳を習い出すと、先生がやっと呼吸の大切さを教えてくれるくらいです。

ここで、ちょっと、自分の呼吸の状態を三分間だけ、観察してみましょう！いままで注意を向けていなかったことなので、難しければ、家族の人を観察してみてください。どんな呼吸でしょうか？

私も気になって、人々を観察してみましたが、とくに患者さんたちはちゃんと呼吸をしていません。びっくりするほど、浅いのです。時には、パタッと止めてしまっています！さぁ、大変！

だから、体は、必死になって、過呼吸を始めるのです。

過呼吸症候群とか過換気症候群と呼ばれる症状は、呼吸を整えようと必死で頑張っている、体の正常化への自然な動き・プロセスなのです。

パニック発作でさえ、大きなエネルギーのブロックを解放しようと、体ごと頑張っていて、上手に爆発すれば、突き抜けられるのでは、と思います。

爆発しても、壊れません。大丈夫！ そのときこそ、次のゆっくりとした呼吸をしてみてください。

★愛と幸せの習慣⑬「鼻ゆっくり呼吸」で心も体もすっきり

胸呼吸ではなく、腹呼吸？ ではなく、腹式呼吸で、ゆっくり、深〜く、鼻で吸って、止めて、鼻で吐く、また止めて、鼻で吸って、止めて……この「鼻ゆっくり呼吸」が素晴らしいのです。

体の脂肪を燃やすのです！ 歩くよりも走るよりも、この鼻ゆっくり呼吸が、簡単に体型を整えて、疲れも取って健康維持できるのです。

三分間、静かに、口は閉じたまま、鼻で、できるだけ、ゆ〜っくりと、深呼吸を繰り返してみましょう！

風邪をひきやすい人は、とくに、この方法を新しい習慣にしてみてください。

風邪をひかなくなります。なぜなら、風邪をひきやすい人は、必ず、口呼吸になっているからです。

鼻の粘膜は、実は、素晴らしいフィルターの役割をしていて、細菌やウイルスをここから先に通さないようになっています。箱根の関所のように、怪しい曲者は通さないのです。しかも、外気の冷たい空気が、鼻粘膜を通る間に温められて、温かい空気になって肺に入るので、肺も楽なのです。

口から空気を入れると、冷たい空気のまま、しかもいろんな細菌やウイルスがフリーパスで体の中に入っていくために肺は大混乱を起こし、パニック発作になってしまうのです。

さらに、口呼吸が癖になっていると、食事のときに食べ物と一緒に空気まで入れてしまって、胃がふくらんで腹部膨張を招きます。空気が消化器に入り込むと、消化の邪魔になってしまいます。

脂肪が燃えるし、風邪はひかなくなるし、なかなかおトクな呼吸法です。

無意識に自分のいい癖になるまで、意識して鼻呼吸に変えてみましょう！

癖を直して新しい習慣を身につけるには三週間が目安です。

どんな習慣も約三週間（習慣）で無意識にできるようになりますよ。

次は、セミナーのときに思いついた、笑い療法が加わった、これまた、楽しい効果的な呼吸法をどうぞ！ その後、ついでに短い瞑想もやってみましょう！

★愛と幸せの習慣⑭ 「アロハ呼吸」でたまった感情を吐き出す

これも、講演会やセミナーで、瞑想の前にやっていただいている、珍しく「笑える呼吸法」です。もちろん、自分で思いついたのです。眉間のチャクラ、「第三の目」と呼ばれている、直感がさえてくる、大事なエネルギーセンターをなんとか活性化できないかと、ほんのちょっと、う〜んとうなってみたら、ひらめきました。これで、直感は大丈夫！

鼻に抜けるような、色っぽい声で、「ア〜ロ〜」と言った後、思いっきり「ハ〜」と、大きく息を吐くのです。これを五〜六回、できれば一〇回ぐらいやってみてください。

ハワイ語で「ア〜ロ」という言葉は、「分かち合う＝シェア share する」という意味です。

そして、「ハ〜」は万国共通、「息を吐き出す、呼吸」のことです。

「アロハ〜」そのものの意味は、「こんにちは！」「愛」などの意味で使っています。

これは、やっているうちに、笑いが出てきて、笑い療法にもなるのです。さらに、色っぽくなり、たまっている感情が吐き出され、しかも直感まで冴えてくるという一石三鳥のおトクです。やらなきゃ損損《ソンソン》、好きなシャンソンを歌ってね！

★愛と幸せの習慣15 一日三分、自分と向き合う「瞑想」を

アロハ呼吸の次は、やはり瞑想でしょう！

瞑想は簡単で、心身ともに健康になる、はまってほしい習慣です！

私が、いま、すっかり瞑想にはまっています。長い瞑想は忙しい人にはできないので、一日三分ならきっと時間が創れるはずです。三分でも、効果は抜群。

自分の意識を内側に向けて、静かに目を閉じるだけです。決して難しいものではありません。

静かに、自分の内面を見つめる時間を少しでも取ることで、自分自身が決して肉体だけの存在ではなく、意識であり、精妙な音楽を奏でている、響きだということが腑に落ちてくる

のです。

なんと、英語で腑《ふ》に落ちるをストーン（stone）すると言いますが、まさに、ストーンと腑に落ちるのであります！

できれば、お気に入りの石を持って、瞑想すると、石と共鳴して、さらに内面へ向かう深さが増してきます。私の場合は、浄化が起こると生あくびが出てくるのです。その後、とてもすっきりします。

時にはヴィジョンが出てきたり、光が見えたり、メッセージを受け取ったりします。それも、そのとき起きることをそのまま淡々と受け取ってください。

あなたを応援している「天使」との関係

タイトルにびっくり？

でも、「天使との関係」って、いい感じでしょう？

私たちには、もれなく、どんな人にも、どんなに自分が大嫌いな人にも、自分が大好きな人は、もちろん、守護天使がついています！「憑《つ》いてる」のは、霊ちゃんです。どちらも、普通は見えませんが、「見えない人間関係」とでも表現できるでしょうか？

ある霊媒体質の人から、「先生、最近まわりに人が動く気配がやたらとするのですが、霊ちゃんが、たくさん憑いているのでしょうか？」という質問を受けました。

「それは、守護天使ですよ。本人がそう言ってます。とっても忙しかったそうよ。いろいろあって」

「そうなんです。次から次と、めまぐるしかったので……そうだったんですか？　ありがたいですね！」

怖い話かと思ったら、なんと、ほのぼの感動の話でした。

私たちと同じように、やはりドジな天使はいますので、時々こけます！　そんな気配を感じたら、「大丈夫？」とやさしく声をかけてあげてください。

気持ちだけでも、もちろんテレパシーは通じますから、大丈夫です。存在を意識してあげるだけでもとてもうれしいので、寝る前にでも、ほんの少し思ってくださいね。ニックネームをつけて、呼んでも、喜んでくれますよ！

★愛と幸せの習慣16 天使さん、ありがとう！　チュッ！

人間関係でふと疲れたときに、すぐそばで見守っている守護天使さんがいることを、思い出してあげてください。彼らは、人生のしくみで、一人ずつ、一生の間、ず〜っと応援してくれています。

ある意味では一番長いおつきあいかもしれません。本人が気づいても気づかなくても関係なく、その人の「人生のシナリオ」を先に、先にと読んで、前もっていろいろ準備をします。一人で大変な出来事の場面では、天使の助っ人を頼みます。

まわりが何となく、暖かい、濃い、明るい感じがしたときには、天使の数が増えていて、

大きなイベントが待っていると思って間違いないでしょう。

やはり、無条件に助けてくれていても、こちらが、ありがとう！　と意識を向けたら、天使さんは大いに喜んで、ハッスルします。ハッスル、ハッスル！

さらに、簡単で、かつパワフルな、愛情表現が「投げキッス」です！

まわりが、何となく、ぞ〜っと寒気がしてくるとき、頭や、肩、腰が妙に重く感じるとき、天使さんではなく、霊ちゃんがそばに来ているので、霊ちゃんが怖くない人は、

「ハグして、チュッ！」

をすると、強烈な愛情表現に圧倒されて瞬《また》く間に、光へお帰りになります。これは、実証済みなので、安心して、やってみてください。怖い方は、投げキッスをおすすめします。

神社やお寺でも、この投げキッスをして、お願い事に疲れている神様から感動していただいています。新しいお参りの習慣、ありがとう！　チュッ！　をぜひトライしてみてね！

ご自分の天使さんにも、毎日、ありがとう！　チュッ！　を。

自分に「愛のエネルギー」を注ぎましょう

あらゆる人間関係の基本はなんでしょう？　自分をどう思っているのか、つまり自己評価だと思います。

自分に対して、どんな思いでいるかは、とても大切なことなのです。

自分のことを、きちんと認めていれば、エネルギーのバランスがよくなり、流れもよく、すっきりしていて、どんな人間関係でも、直感で、うまく対応できます。

どんなことを言われても、にこやかに、元気な言葉で返すことができるのです。

自己評価が低すぎる人は、どうか、自分のことを認めてあげて、自分の潜在意識に愛のエネルギーを注ぎ込みましょう！

心が安定して、落ち着いた雰囲気がまたいい気を引き寄せて、自分のまわりに、とても気持ちのいい魂の人々がどんどん集まってきますよ。

変な人が近づいてきたら、まだ、解放するブロックが残っていたのかと、気を取り直して、解放のプロセスを淡々とこなして、その人間関係からしっかり学び取ってください。

きっといつもよりも、冷静に明るい気持ちで、さばさばと対処できるでしょう。

少しずつ成長している自分を、その都度、認めてあげましょう！

そのうちに、潜在意識にたまっていた感情、不安や恐怖がすっかり取れて、すっきりと透明になれば、表面意識と光の部分が直《じか》につながって、心の平安、安らぎの境地に到達できると思います。楽しみですね。


では、次は仕事がうまくいく習慣についてです！

第3章

「仕事」が不思議なほどうまくいく潜在能力の引き出しかた

いまの仕事を選んだ意味

ずばり、「仕事」の意味は何でしょう?

ここは、シンプルに、言葉自体の意味から探ってみました。『大辞泉』という辞書で「仕事」の意味をひもといてみると、

①何かを作り出す、または、成し遂げるための行動。「やりかけの―」「―が手につかない」
②生計を立てる手段として従事する事柄。職業。「将来性のある―を探す」「金融関係の―に就く」
③したこと。行動の結果。業績。「いい―を残す」
④悪事をしたり、たくらんだりすること。しわざ。所業。
⑤《「針仕事」の略》縫い物。裁縫。

以上のようないくつかの意味があって、たしかに私たちは①～③をミックスして使っているかもしれないと、読みながら思いました。④と⑤は、ここでは例外として、①は何かのプロジェクト、②は生きるため、家族のために、養うために頑張ってやっている仕事、職業の意味ですね。③は業績として、振り返った人生の中で、自分がやってきたこと、したことの内容を表しているのでしょう。生きがいを持って、どんなことを社会に残したかです。

以前、美容室で「どんなお仕事ですか?」と聞かれて、「何に見える?」と逆に聞いてみたら、「マスコミ関係ですか?」と言われたことがありました。どうも医者には見えなかったようです。

音楽、ファッション、テレビ、雑誌、イベント、テーマパーク。全部好きですね。小さいころは絵を描くことが好きで、絵描きになりたいと思っていました。本が大好きで小説家にもなりたかったのです。もっと人並みに背があったら、女優にもなりたかったのです。でも、一〇歳のころに、母から弟の死がホームドクターの誤診と聞いて医者を目指すようになりました。②の職業としての「仕事」を、大人になるにつれて、いろんな刺激によって、何となく私たちは選んでいきますが、みなさんは、どうやっていまの仕事（職業）

を選びましたか？

その職業を通じて、それを窓口にして、後は自分の選択、意志、人との出会いによって、①のプロジェクトが始まり、それを達成して、③の業績を積んでいくのが私たちの人生だと思います。自分で書きながら、いいまとめ方と自画自賛。

仕事のとらえ方を、二つに分類してみましょう。

一つは、仕事、職業そのものを目的として、早くから、目標を持って、進む場合。これは、子供のときから、やりたいことがかなりはっきりしていて、あまり迷うことなく道が決まって邁進《まいしん》できます。このタイプの人は、やりたいことが見つからないという悩みがありません。悩みは、その夢実現のためにどうするか、具体的なものになっていきます。

もう一つは、特にどの仕事と、やりたい専門職、あるいは職種は決まっていなくて、ひたすら人間関係から学ぶことに重点を置いて、いろんな職種や職場を転々として、なるべくたくさんの人との人間関係を体験することを目的とする場合です。やりたいことが見つからない悩みがありますが、結構どの仕事もちゃんとこなして、あるいは飽きて、次へ進めるので、ノリは軽いです。

今回は、さらに、もう一つ、社会に貢献したい、世の中のために役立ちたいという魂が、奉仕活動を目的に、仕事を選ぶ場合も加えたいと思います。

これは、生まれる前に、人生シナリオを書いてくるとき、かなり多くの人生を体験した魂は、究極的に三番目の仕事選びを自然にしたくなるようです。

ボランティア活動をしている人、海外青年協力隊の船に乗った人、誰もが嫌う仕事をあえて選んでいる人、イラクや東北で復興支援の活動をしている人、マザー・テレサのような活動に引かれてインドに行って帰ってこない人など、普通の人とは違った仕事選びをします。

そういえば、以前、新聞でびっくりの日本人が紹介されていました。インドに渡ったまま三七年間、一度も帰国することなく、インド仏教の復興と仏教徒の地位向上に尽くす日本人僧・佐々井秀嶺師で、なんと一億人の仏教徒のリーダーなのです。これもまた自分で選んだ仕事、人生です。

人間は、あらゆる可能性を持っていて、素晴らしいですね。

いろんな仕事を経験するほど、あなたのエネルギーもカラフルに

私たちは、肉体だけでなく、本質は、光、意識、波動とも呼べるエネルギーそのものです。その光を分光すると、虹のように七色になり、もっと分けると、その間に無数のグラデーションになっています。

しかも、体には、エネルギーセンターとして、虹と同じ七色のエネルギーを出すところがあって、昔のインド語のサンスクリット語で「チャクラ」（車輪の意味）と呼ばれています。

車輪のように、風車のように、エネルギーセンターはくるくる回っていて、それぞれの色合いの光を放出しているのだそうです。アメリカでは、チャクラの状態を見る機械が開発されたり、一番強く出ている色合いを写真で撮ったりもできるようになりました。日本にも輸入されて、オーラ写真として自分のエネルギーを見られる時代になりました。楽しいですね。エネルギーに敏感な人は、薄目を開けて、白壁をバッグに人のまわりのエネル

ギーの色が見えてきます。お友だちと一緒にお互いのオーラの色を感じてみてください。

以前聞いた話では、私たちの意識、波動は、宇宙で、虹と同じ七色を、それぞれ、七の七階乗体験しているということです。本当かどうかは、確認のしようがありませんが、ちょっと面白いので、計算してみました。

7×7×7×7×7×7×7＝823543回　になります！

これはなかなかの数ですね。いままできちんと計算してこなかったので、この本を書くことで気づきのチャンスをいただいて、しみじみと感慨深いものがあります。

しかも、各桁の数字をどんどん足していくと、

8＋2＋3＋5＋4＋3＝25　2＋5＝7

と、また七にもどりますね。数秘術では、数字にも宇宙のエネルギーがあって、意識を持ったエネルギーとして扱います。小川洋子さんの『博士の愛した数式』（新潮社）にはまり、映画も見ました。数字は宇宙の美学だと思います。

先ほどの話の続きですが、虹と同じ七色を、それぞれ、八二三五四三回体験しているとすると、七色全部を終えるころには、さらに七倍の五七六四八〇一回となります。約五八〇万回！　すごい！　それくらいこなすと、地球のようにいよいよ惑星になれるよう

です。気の遠～くなる話？　いえ、ロマンチックです！

強く出している色によって、それに合った仕事があり、また逆も真なり、その仕事をしていると、その色がより活性化されて、大量に湧き出てくるのです。

虹色を順番に適した職業をあげながら、説明してみましょう！

赤のエネルギーの場合、尾てい骨のあたりから出ています。

その色合いの持つ特質から、ぴったりの仕事・職業は、勇気、行動、指導力を発揮するような仕事、たとえば、警察官、会社経営者、弁護士、不動産業者、営業マン、保険外交員、ツアーコンダクター、消防士、記者などがあげられます。

次の**オレンジ**のエネルギーは、生殖器の部分から出ています。

冒険、芸術への傾倒、創造、変化などのエネルギーを発揮するアーティスト、画家、彫刻家、プロデューサー、冒険家、建築家、放送ディレクター、企画、手芸家、料理研究家、工芸作家、女優、俳優、声楽家、作曲家、ミュージシャン、シンガーソングライター、美容師、編集者などがあげられます。

三番目の**黄色**のエネルギーは、お腹、丹田からあふれ出ています。

笑い、ユーモア、知性、教養、楽しみを表現していて、適した職業はコメディアン、お笑い芸人、タレント、アナウンサー、パイロット、サービス業（ホテル、ブティック、デパート、飲食店、スナック、バー、コンビニなど）などがあります。

四番目の**緑**や**淡いピンク色**のエネルギーは、ハートから出ています。バランスと愛、癒し、教育などを表現しています。適した職業は、教師、医師、秘書、マネージャー、人事担当、エンジニア、銀行員、会計士、経理、税理士、薬剤師、針灸師、マッサージ師、アロマセラピスト、介護福祉士、ヘルパー、塾の先生などがあります。

五番目の**ブルー**のエネルギーは、のどから出ています。

コミュニケーション、自己表現、平和主義、穏やかさを表現して、適した職業はスタイリスト、看護師、事務職、保育士、公務員、コンピュータプログラマー、添乗員など。

六番目の**藍色**のエネルギーは、眉間から出ています。真実、敏感、繊細、内向的、意識を表現していて、適した職業は、コピーライター、広告代理店、評論家、カウンセラー、イラストレイター、デザイナー、天文学者、チャネラーなどです。

七番目の**紫**のエネルギーは、頭頂部から出ています。

紫のエネルギーは、感性、直感、夢想的、指導力、精神性を表していて、適する職業は作家、通訳、宗教家、ヒーラー、政治家などがあります。

八番目の天使の輪っかがあるところは、**真っ白**い光を出しています。適した仕事は天使でしょう！　これしかありません。

わざわざ八つまで様々な仕事・職業をジャンル別ではなく、使うエネルギーの色別にしてみました。いまの仕事から、あなたは何色を活性化しているでしょう？

こうやってみると、私たちがかもし出している雰囲気や波動に応じて、それぞれに適した仕事があることを少し感じられるのではないでしょうか。

逆に考えると、**様々な仕事をすることによって、特有の色合いのエネルギーが自分の奥深くから出ている光をさらに活性化して、どんどんカラフルになってくるということです。**

多面的にいろんなことができる人、つまり「マルチ人間」は、いろんな仕事をこれまでに魂レベルでこなしてきて、エネルギーの色合いが単色ではなく多色であるため、いろんな場面でも使いこなせて、多才と言われて魅力的なのです。「釣りバカ日誌」のハマちゃんのように、会社員でも宴会で芸達者な人は、どこかの時代に芸人をしっかりやっていたと思います。カラオケの女王の人も、きっと歌姫だったことがあるはず。

いまの得意分野は、昔の仕事？

★愛と幸せの習慣⑰ 仕事別にカラーリングとアロマを

第1章でもファッションにカラーのパワーを取り入れるヒントをお話ししましたが、ここでは、仕事別にカラーとアロマ（香り）を応援団として加えてみたらどうでしょう！

アロマは、少しだけティッシュにつけてかいだり、ビンごとポケットやバッグに入れておいても効果があります。

本文にあったように、営業に回るときは赤を身につけるといいでしょう！　元気が出ます。といっても、真っ赤なスーツでは、相手がびっくり。手帳、ハンカチ、口紅など、さりげなく使いましょう。もちろん見えないところに、一時ブームになった、元気になる「赤いパンツ」も！　男性ならネクタイをワインレッドや赤茶色に！　アロマは、明るく元気になるオレンジがいいでしょう。

会議で何かを決断するときも、赤が早くなるといいます。

逆に、問題をまるく収めたいときには丸いテーブルで、バランスの緑かコミュニケーションの青、平和的解決にも青がいいでしょう！　アロマは、グレープフルーツがイライラを取り、ストレスを緩和してくれます。

銀行で数字をきっちり正確に合わせたいときは、緑。

わざと時間稼ぎをしたいときは、赤ですね。正確さが鈍ります。

集中力には、青や紺。アロマは、ローズマリーやペパーミント。

上司に意見を言いたいときには、のどを活性化する青。アロマはベルガモットを。

部下をリストラするときは、淡いピンク。同じく、ベルガモット。

アイデアやインスピレーションがほしいときには、インディゴブルー（紺・藍）。

アロマは、ジャスミン、サンダルウッド。

自分が表に出て、俺についてこい！　タイプのリーダーシップ発揮には、赤。

自分は表に出ないで、後ろで、バックアップしながらタイプのリーダーシップ発揮には紫、ピンク紫。実際に職場で使えるのは、薄紫のラベンダー色かも。アロマは、ラベンダー、ジャスミン。

新しい仕事に挑戦するときには、オレンジ。アロマもオレンジ。

物やプロジェクトを立ち上げて、具体的に創っていくのも、オレンジ。

笑いやユーモアでほぐしたいときは、黄色、クリーム色。アロマはオレンジ。

気持ちを新たに、リセットしたいときは、白。辞表を出すときは、赤、または白。アロマは、ジャスミンや沖縄の花、伊集ぬ花（イジュヌハナ）。

影をひそめて、黒子の役を演じたいときは、黒。アロマは、ユーカリ、ジャスパー、ティートリー。

ついでに、職場恋愛で相手が独身で愛の告白をしたいときには、きれいな青。アロマは、ベルガモット、ローズ。

職場恋愛で相手が独身ではなく、そろそろ潮時で、別れの告白をしたいときには、白、アイボリー、淡いピンク、淡い水色。アロマは、ベルガモット、ローズ、ネロリ、伊集ぬ花。

職場に限らず結婚したい方は白を身につけるといいでしょう。花嫁姿は白ですものね。

いかがでしょうか？　少し長くなりましたが、便利なので、愛用してください。

苦手な人は「波長が合わない」人

私たちは、日常生活で色合いが違うときに、無意識のうちに言葉で表現をしています。

「いや～、どうもあの人とは、波長が合わへんわ！　一緒におるとしんどくてかなわんわ！」

「あの人は、まぁ～いろんなことに、首突っ込んで、よう混乱せ～へんなぁ～」

ちょっと、関西風に言ってみると、やわらかいでしょう！

お互いに、波長が違う、色合いが違うことを、表現しています。

この際、「違う」ことを、前提にしてしまうと、気が楽です。

もはや、仕事場での、波長が違うことでの、いろいろは、悩まない。当たり前と思うこと。どっか遠くの星から来た人だと割り切ること。

そう思えば、もう一度、さらに丁寧にわかりやすく説明することもイヤがらなくなります。大丈夫です。逆に、よ～く、観察をして、どんなタイプでどんな考え方をするのかなぁ〜と、分析をして、それなりに対応することです。

私も自称、他称「ピンク星人」なのでよくわかります。

一緒に仕事・プロジェクトを組む人とは、その人が、何が得意で、何が不得手かを観察しておいて、上手に使うことです。秀でているところはほめて、きちんと言葉で認めて、何をしてほしいのかを、これもきちんと言葉で、念を押すときは書き言葉で伝えることです。

地上に降りてきて、何よりここだけでしか味わえないことが、**違う波長の人と職場で出会えること**です。

あの世では同じ波長の人にしか会えません。肉体を持っているおかげで、違う色合いの人と直に会えます！

これはおトクです。色合いが違うと、ものの考え方が違うので、最初はびっくり！

でも、その人から、**その人の仕事の取り組み方から、いろんなことが学べます。自分と違うアプローチや、ものの考え方、素晴らしい発想、思いがけない情報、知識などがどんどん吸収できます。**

職場で衝突しても大丈夫、それは一つのプロジェクトの上での意見の食い違いであって、これは潜在意識に残らず、感情的になっても、うらみ、カルマを残しません。

たくさんのケースを診《み》てきましたが、仕事上の怨恨《えんこん》はめったにありません。男女関係、親子、嫁姑《よめしゅうとめ》などはあっても、よっぽど生死にかかわらない限り仕事上は残さないようです。

日本人より欧米人のほうが仕事上の議論は割りきっていて、さわやかです。どんなに激論を交わした後でも、にこやかに食事に出かけたりします。日本人も必要以上に感情を残さず、さわやかに、時に激しく意見交換をしたいですね。

あなたは、自分の意見を仕事上、ちゃんと表現していますか?

★愛と幸せの習慣⑱ 「ちゃんと自己表現します」宣言

日本人は、のどとハートが閉じている場合が多いと言われています。

たしかに、私もクリニックで患者さんを診ていると、のどとハートが閉じて、言いたいことを言っていない人が多いことにびっくりです。ぜひ、「ちゃんと自己表現します」宣言を実行してみてください。

これは、**声に出して自分に誓う**ことです。宇宙に宣言するかのように、元気よく言ってみてください。

「私は、いまから、自己表現をします！」

「私は、自分の意見をきちんと表現します！」

「私は、自分の気持ちをためずに、言葉に出して表現します！」

など、言いやすく、自分のフィーリングにぴったりくるものでやってみてください！　咳きこんだら、のどの詰まりが、いままで言いそびれたエネルギーの塊、ブロックがほどけている証拠です。いい兆候ですよ。

いまが咳時《せきどき》!?

ラップ調でノリノリに言ってみてもＯＫです！

「いままでどうして、言えなかったの、本当の自分の気持ちをそのまま、気楽に語ろう、誰でもできるさ、のど解禁！」

「どうしてだまるの、何が怖いの、本当の気持ち出したら楽だよ、いつまで気張るの、我慢大会、そろそろ終わりにしようよ、自己表現！」

「課長や、部長を、怖がらないで、勇気を出して、言ってみようよ、何でもないさ、みんな同じ人間だもの、語ればわかるさ、ノリノリノリ！」

「だめだめ」エネルギーの追い出しかた

家庭生活や学校生活だけでなく、私たちの潜在能力が刺激を受けて、開花するのは、仕事を通じてというケースが多いかもしれません。

環境を整えてあげると、いくらでも能力は広がり、成長するということをトマトで実証した人がいます。

龍村仁監督の「ガイアシンフォニー、地球交響曲第一番」に登場する植物学者の野澤重雄さんは、植物にも心があるという説を唱えて、実際にハイポニカ（水気耕栽培法）で普通のトマトの種から一万数千個の実をつけたのです！

これは、トマトが望む環境、十分な水と栄養を制限せずに与え続けることで、信じられないほど限りなく実をつけることを私たちに見せてくれました。

さらに、直接見られない人のために、龍村監督が映画の形にして、たくさんの人に、強い印象を与えてくれました。

実際に見ないと信じきれない私たちには、大切な情報です。まさに、「百聞は一見にしかず」です。トマトで証明というのも、すてきですね。

これを人間に応用できないかしら？ すでにされています！ イチロー選手です。

彼は、子供のころからわが道を行くタイプでした。意志がはっきりして、わがままと言うより、あるがままで、野球選手になる夢をしっかり実現させました。

それをしっかり支えたのが、父親の大きな愛でした。夢実現のために必要なもの、ほしいものは、できる限り与え続けたのです。しかも毎日の練習を欠かさず、七年間も父親が相手を務めたのは、素晴らしい愛ですね。

彼が**世界的な記録を作れたのも、能力を限りなく伸ばす意志と信じる力と支える環境**だと思います。子供たちに、本当の夢と希望を与えるヒーローだと思います。

私たちは、とかく子供時代から、親を含めて、大人から、あれだめ、これだめ、質問すれば知る必要はないと言われて、「だめだめ症候群」になっています。そして、受験になって急に「やればできる！」と叫ばれても、潜在意識に大量の「だめ、だめ」が刷り込まれていると、そう簡単には「できる」と思えない状況になっているのです。

そういえば、私もそうだと思った人も、がっくりしないで！ いまからでも遅くありません。

これから、強力な言霊パワーをどんどん潜在意識に刷り込んで、いままでの大量のだめエネルギーをところてんのように押し出してしまえば、「大丈夫、私にも、できる！」と楽に思えるようになります。

★愛と幸せの習慣⑲ 潜在能力を引き出す「できる、できる、よっしゃ～」

言霊《ことだま》パワーを潜在意識に入れるのには、言葉と体の両方を同時に使うと、より潜在意識への刷り込みがうまくいきます。

まず両足を肩幅くらいに開いて立ちます。

声に出して、「できる、できる」と二回宣言した後、握りこぶしを作って、おへその横で、ぐっと引き締めながら「よっしゃ～」と大きな声で気合を入れます。

「大丈夫、大丈夫、よっしゃ～」「仕事、楽々、よっしゃ～」でもいいです。

自分で、潜在意識に、入れたい言霊を思いついたら、二回繰り返して、最後は、「よっしゃ～」で気合を入れるのを忘れないでください。

仕事がうまくいく脳の習慣

世界子供共通試験（ＰＩＳＡ）で、日本の子供たちの学力が大幅に落ち込んで教育界はがっくりして、今度は「脱ゆとり教育」に方向転換しました。

ゆとり教育のおかげで、家族との交流は少し深まったかもしれませんが、小・中学校で詰め込まないと、基礎学力がつかず、夢を描けなくなってしまいます。

一〇代こそ脳細胞に詰め込む大切な時期なのです。この時期に脳をしっかり活性化することが、脳細胞を起こして、遺伝子レベルでも、スイッチをオンにして、将来の夢実現の土台を作っていきます。

アメリカ人が、第二次世界大戦で、日本人の精神性の高さにびっくりして、その秘訣が教育にあることに気づきました。

もし鹿児島県知覧にある特攻隊の資料館（「知覧特攻平和会館」）を訪ねる機会があったら、みなさん実感すると思います。一八歳から二〇代の青年の残した文書の素晴らしいこと。内容は悲しいけれども、精神性と教育の高さがしのばれます。

戦後、アメリカは日本の教育の真似をするようになりました。一方で、日本の国力を落とすために、教育システムの切り崩しはみごと成功しました。しかし、日本もそれほど愚かではありません。

近年、脳科学者の川島隆太教授が、子供の脳は読み、書き、計算で育つことを提唱し、それを兵庫県朝来町立山口小学校で約一〇年間実践した陰山英男先生（現・立命館大学教授）が、学力向上などの素晴らしい成果を発表され、教育界が活性化しました。

音読で大脳の七〇％が活性化されると脳科学でわかったころ、齋藤孝教授の本『声に出して読みたい日本語』（草思社）が国民的ベストセラーになりました。素晴らしい流れです。NHK教育番組の「にほんごであそぼ」も高視聴率です。これも、齋藤孝教授が企画、監修をされています。

二一世紀は、やはり本物志向！　教育界での、この胎動は、ベストタイミングですね。

このいい流れを大人の私たちも活用できます。いまからでも遅くない、もちろん、子育て中の方には素晴らしいグッドニュースです。

認知症（いままでの痴呆症）にさえ、計算や音読で、本当にボケが良くなったケースも続々出ているようです。

鎖国をしていたおかげで、江戸時代は成熟した文化と精神性が高まりましたが、寺子屋の「読み、書き、そろばん」、とくに論語や四書の音読が脳を活性化して、幕末と明治維新の短い間に、信じられない速度で西洋文化を吸収できたのだと思います。

これから、いろんな意味で、日本人は本来の文化、精神性に目覚めて、アジアや世界を引っ張っていくぐらいの実力をつけていくと思います。いろんな仕事をこなしてきた、つまり、生まれ変わりの回数が多い、カラフルな魂が、日本という場所に、集まっているからです。

国といっても、形ではなく、国民私たち一人ひとりが作り出す意識、エネルギーの集合体です。

なにげなく過ごす日常での意識状態がとても大切なのです。

その意識で活動すると、この章の冒頭にもどって、仕事が②の単なる生計を得るための職業から①の輝かしいプロジェクトの連続となり、社会貢献度の高い③の業績に変容していくのだと思います。

この本を通じて、仕事がうまくいく習慣を身につけたい、と思って読み始めたのに、仕事に対しての考え方を仕切り直す、いいきっかけになれば心からうれしいです。

では、ここで、思いがけない新しい習慣を!

★愛と幸せの習慣20 音読で脳を活性化

音読のテキストはたくさん出版されていますから、すでにお持ちでしたら、そこから気に入ったものを選んで音読してみましょう! もちろん、愛読している文学作品を音読してもOKです。

三分間でどこまで音読できるかをテストしてみました。歌舞伎の有名な弁天小僧の名セリフ、宮沢賢治の詩が二つ、縁日の口上「がまの油」、平家物語の祇園精舎《ぎおんしょうじゃ》のところを半分くらい読んで、三分です。音読二分でも、かなりいい感じですよ。

これは、はまりそうです。

若いお母さんは、お子さんに、寝る前に本の読み聞かせをぜひしてあげてください。お母さん自身の脳がまず活性化して、お子さんもイメージを創る練習になります。本の世界に引き込まれて、自然に本が大好きになってしまうでしょう!

本が好きになれば、自然に、勉強が大好きになってきます。親がやかましく言わなくても、子供は好奇心で、自分のために勉強をします。

言葉のリズムがいいもの、有名な言い回し、名セリフ、イメージが湧いてくる詩など、音読していると、わくわくして、元気が出てきます。

これで、脳の前頭前野が活性化するならおトクですね。あと、単純な計算も脳が喜ぶそうです。

体から心のずれを直す

脳の活性化の次は、省エネの話です。

仕事でかなりのエネルギーを使いますが、要領のいい人は、仕事もこなし、終わった後も、元気よく遊びや飲み会を楽しくこなして、翌日もケロリと、むしろパワーアップして、仕事に向かいます。あなたのまわりにも、そんなエネルギー効率のよい人はいませんか?

そんな人は、エネルギーのバランスと流れがいいのです。

仕事を怠けているわけではなく、むしろ、集中力があって、やることをきちんとこなしています。表情は明るく、笑顔で、時には、シャレやギャグを言ってまわりを笑わせています。なかなかの人気者。楽しいから、自然に人が集まってくるので、飲みに誘ったり、誘われたり。そこでわいわいしゃべっているうちに、発散できて、ストレス解消! さらにカラオケに行ったら、カラオケ療法。のどもすっきり、快眠間違いなし!

ますます、仕事もノッてきそうです。そういう人は、自分が好きで自分にはまっているから、センタリングもOK。のどやハートの詰まりもなく、言いたいことは、その場で、明るく言ってしまうので、意思表示もばっちりです。

あら、私のことを書いているの？ と思った人は、大丈夫です、そのまま、楽しく仕事と人生を謳歌《おうか》してください。

反対に、エネルギーのバランスや流れの悪い人は、表情が暗く固く、笑顔がありません。言いたいことも言いにくくて、そのままため込んで、のどが詰まり、咳き込んだりして、風邪と誤解されてしまいます。そのせいか、何となくまわりの人も避けて、人が寄ってこないので、会話がなく、飲み会にも誘われません。

一人寂しく帰ることが続くと、自分が好きになれず、自分から意識がずれてきて、寝つきが悪くなり、悶々として、ストレスも翌日に残ってしまいます。

自分からどんどんずれてくると、センタリングがうまくできずに、首、肩、腰が重く感じられて、だんだんうつになってきます（書いているだけでも暗くなる〜）。

自分の体から、意識がずれた分、エネルギーがもれて、仕事の効率が落ち、やる気がなくなり、無気力、無表情、無感動になってきます。時々死にたくなったら、もう完璧うつ状態、心療内科や精神科へ通うようになります。あぁ、そうなる前に、対処しましょう！

そのための本を、いま書いているのですから。

ここで、センタリングとは？

エネルギーの中心軸が、ちゃんとまっすぐになっている状態です。

これが、ずれていると、大事な場所の首、肩、腰が重く感じて、エネルギーが流れにくくなり、固まって、ガチガチ、ごりごりになり、痛みまで出てきます。痛みはSOSのボディランゲージです。体がしゃべれない分、「エネルギーが流れていませんよ！」と痛みで知らせているのです。

乗り物酔い、船酔い、世間酔い（？）の人は、センタリングがうまくできていなくて、まわりに左右されやすいのです。

船酔いが一番わかりやすいので、説明しましょう。乗っている船に合わせる人は、船が揺れると同じように傾くので、三半規管が反応して、気持ち悪くなり、酔ってきます。吐くか横になって寝るしかありません。

しかし、船に同調しないで、自分の軸を地球の軸に合わせて、足と腰でサーフィンのように、バランスを取ると、船がどんなに揺れても、自分の位置が変わらないので、三半規管には、まったく影響がないから、酔わないのです。

船を世間・社会に置き換えても同じです。世間を気にする人は、常にまわりの動きに左右されて右往左往です。振り回されて倒れてしまいます。

センタリングがうまくなると、世渡りも上手になり、「人生の達人」になってくるのです。

★愛と幸せの習慣㉑ センタリング・ぶるぶる体操

これはとっても簡単です。座ってても立っててもできます。

頭頂部とお尻の穴をまっすぐにするつもりで、ぶるぶるとファジーに（適当に）ゆするだけでいいのです。左右にゆすっているうちに、ずれていた脊椎《せきつい》もほどよく元の位置にもどってきます。ヘルニアも軽くなって、はみ出ていた軟骨さんも、納まってきます。

車のハンドルも遊びと呼ばれる、余分な動きがあります。きっちり締めつけると、かえってハンドルの調節がうまくいかないのです。ファジーであることは、とても大切ですね。

沖縄の言葉では、「テーゲー」といいます。「いい・加減」の意味です。真ん中の点が大事で、ここに間《ま》がないと、つまり、早く続けて「いい加減」と言うと、マイナスの意味になってしまいます。間が大切ですね。

体をファジーにゆするだけで、流れが滞っていたエネルギーが流れ出して、とてもいい気持ちになります。エネルギーのブロックを「ぶるぶる体操」でゆすって、はがして、流しましょう！

★愛と幸せの習慣㉒ 猫になって、のび～

次は、猫に習って、ベッドか布団の上、または畳やじゅうたんの上でもＯＫです。体がやわらかい猫を観察すると、よく伸びをします。これはとっても優美で、健康的！

仕事で、どうしても、前かがみになる姿勢を持続して、あちこちうっ血して固まっています。職場でのび～をしたいときは、両手を組んで上にのび～をします。片方ずつよく伸ばして、左右にゆすります。

ついでに脇のリンパをマッサージしてバッチリ！

ヨガをやったことがある人は、ぜひ飛行機やオットセイのポーズで、さらなる美しいのび～を！

★愛と幸せの習慣㉓ ガチガチの肩をぶんぶん振ってほぐす

次は、肩をほぐします。

デスクワークで机にずっと向かっていると、肩や腰に負担がきて、疲れがたまってきます。机と椅子の高さが適当でないと、不必要に肩をあげた状態が続いて肩がこってきます。

誰も頼んでいないのに、自分で思い込んで、不必要な責任感で、肩を重くしている人も、肩が、背中が全体にガチガチに固まっています。片方ずつ、肩を回してみてください。ゴリゴリと音がしたら、これは大変！　固くなっています。ほぐしましょう！

それでも、ゴリゴリの音が取れない場合は、立ち上がって、肩幅に両足を広げて、両手・両腕を前後に、同じ方向に、ぶんぶん振ります。これを三分間、やってみてください。さっきの、肩のごりごりが軽くなってきますよ。

「ぶんぶん体操」開始！

★愛と幸せの習慣㉔ 仕事の疲れをとる「足もみもみマッサージ」

次は、腰をほぐします。いまは腰痛を持っている人が多いですね。

私も、時々、疲れてくると腰がＳＯＳで知らせてくれます。自分で腰痛にいいものを、いろいろ試してきました。

まず、お風呂でよく、体を温めた後、リラックスできる暖かい場所で、あぐらをかくように、脚を開いてください。足の裏を互いにぴったり合わせて、そのまま、上体を前に倒します。なるべくぐっと、胸をつけるようにして。腰の筋肉がこれで、ぐぐっと伸びます。

片足立ちも腰痛にはバッチリです！　ぜひ試してみてください。

その後、姿勢はそのままで、足の裏を両手で、愛情こめて、「今日も一日、体を支えてくれてありがとう！」と言いながら、ぐりぐりマッサージをしましょう！

感謝をこめて、ぐりぐり！

足の裏を触ってみると、むくんでいるときは、腎臓がくたびれているとわかります。水をしっかり飲んで、ろ過を十分に促してあげましょう。

体の水分代謝を順調にするには、一日約一・五～二リットルの水を飲むといいそうです。かなり多い量ですね。

朝ごはんを抜いて、野菜ジュースだけにして、水を午前中に五〇〇cc飲むと、水分が排出されてむくみが取れてきます。これは半日断食になって、確実に体重が減少、デトックスされます。私もいま実践中です。

両手で、腰のやや上を温めながら、腎臓さんに愛のパワーを送ります。

「ありがとう！　腎臓さん！」と言いながら。そして、また、足の裏をぐりぐりマッサージです。むくみが取れたら、ブラボーです。

足の裏には、体中のツボがあって、足裏マッサージが流行しています。足の裏のしこりをほぐすと、その部位の体が楽になります。足をまんべんなくやわらかい状態にしておけば、バッチリなのです。そうなると、心をこめて足をもみたくなりますよね。

しこりは、じゃりじゃりと音がするような感覚がします。音がしなくなるまで、ほぐしてあげましょう！

足の皮膚もよく観察してみてね。足の裏から、体の毒素が出ていくので、時々皮膚がむけてきて、たまに、べろりとダイナミックにむけることがあります。

これは、大浄化です。

私も、昔は、なかなか水虫が治らなくて困りましたが、いまはきれいに治って、美しくなった足をほれぼれと眺めて幸せです。きっと、極道《ごくどう》から足を洗って極楽道に突き抜けたからでしょう！（ここは笑うところです！）

心も体も冷やさないこと

仕事がうまくいく習慣の最後に、どうしても伝えたいことが「冷え」についてです。

インドの伝承医学を教えているアーユルベーダの先生が、冗談のように、

「冷蔵庫は体によくありません。乾物とお財布を入れるといいです。なるべく、火を通した食べ物を食べましょう！　体を冷やさないように。とくにお腹を！」

と真面目に授業で言っているのを何度も聞きました。

体を冷やすことが、万病の元だと言われます。本当に、これは大事なことです。

なぜ、仕事のコーナーでこの話をするかというと、仕事中に冷やすことが多いからです。

夏はとくに、冷房で体を冬よりも冷やしています。大変なエネルギーの無駄遣いだと思いますが、背広でネクタイの男性に合わせて温度設定をしているため、建物の中をがんがんに冷やしています。そのため、女性の冷房病が増えて、夏でも、ひざ掛けやジャケット、時には使い捨てカイロを持参して冷房対策をしています。

体を冷やすと、体が縮まり、筋肉も固くなって、エネルギーの流れが悪くなります。仕事の効率も下がってきます。

英国やヨーロッパのように、夏の休暇を一ヵ月間取るのは賢明ですね。

日本は、まだ、その習慣がないので、自分で対策を立てるか、まわりに意見を述べていくしかありません。私は、こうやって本を通して、考えを伝えられるので、とてもいいチャンスです。

最近、体を温めたらほとんどの病気は改善するという本が増えています。ブラボーです。

私もうれしくて、使い捨てカイロをお腹と腰に貼って、かなり腰痛や生理痛が和らいで、ありがたいです。一言で表現すれば、温熱療法ですね。びわ温灸やテルミー、奥原式陰陽霊器なども、同じように温めることで、あるいは温度差でエネルギーの流れをよくする方法です。

飲んだり、食べたりも、暖めると、体がすぐに反応してほぐれてきます。リラックスして、エネルギーが流れ出します。

温かい味噌汁、スープ、シチュー、鍋物、お茶、ハーブティー、ココア、ハニーレモンホット、泡盛のお湯割、焼酎のお湯割、熱燗《あつかん》など。

最近は、冬でも冷えたビールを飲むようになりましたが、一緒に温かいものを食べて、冷えないように気をつけてください。

体にも少し気を配ってあげましょう！

そして、心も冷えないように気をつけましょう。自己ケアの中に体も心も両方入れてあげてください。

家族や友人とこまめに連絡をして、自分が寂しく冷え込まない演出が大事です。

心も体もぽっかぽかに！

第4章

まわりの流れをよくして必要な「お金やもの」を引き寄せる

整理整頓は、過去のエネルギーを解放するチャンス

お金とものというテーマで本を書くのは初めてです。わくわく！

あなたはいま、お金とものに満足していますか？

私たちは、地球上で生きていくために、ある程度のお金とものが必要です。でも、まわりを見渡すと、ものがあふれていますね。必要以上に買ってしまって、家のスペースがどんどん狭くなってきています。

書店に行くと、捨てる術、整理整頓の本、収納の本、シンプルライフのおすすめ本などがたくさん出ています。それだけ世の中に、ものがあふれて、どのように整理するのか悩む人が多いのでしょう！　そして、ものを少なく、スペースを豊かに楽しむシンプルライフへ向かう人が増えています。

以前、インターネット上で世界的に広まった「世界がもし100人の村だったら」から考えると、日本人は全員が、お金持ちの上位八人の中に入ってしまうほど恵まれているそ

うです。

ものについて考えさせられたケースを紹介します。クリニックの患者さんで、私の本を読んだ娘さんにすすめられて沖縄移住を決心し、本当に実行に移した家族の話です。

一週間の沖縄旅行を夫と息子の三人で計画して、旅行中にアパートを見つけ、布団を買って住み着いて、もう一〇ヵ月たったそうです。びっくり！

「沖縄に行ったら必ず越智先生に会ってね！」と娘さんに言われて、沖縄の講演会に三回参加して、ようやくセッションを受けてみる、と決めたらすぐに予約が取れたそうです。

家財道具はすべて本土の家に置いたままです。ずっと入院していた統合失調症の息子さんは、すっかり沖縄が気に入って、幻聴と妄想がなくなり、毎日デイケアに行っていると聞いて、とってもうれしくなり、つい、もらい泣きをしました。

彼女は、「ものがなくてすっきりして、いまは快適です！　夫も地域での祭りの準備やドブさらいをしなくていいので、とっても楽だとご機嫌なんですよ！」と言っています。夫は、「このままアパートに住もうよ。一戸建てだと、また近所づきあいとかが大変になる。このほうが気楽でいいから」と毎日三時間のたっぷり散歩を堪能しているそうです。

もし、家を売って家財道具も全部持ってきていたら、過去のエネルギーをそのまま引きずって、いまのような家族みんなの爽快感は得られなかったかもしれません。着の身着のまま、旅行のついでという軽いノリがよかったのでしょう！

何もないところから仕切り直すのは、気持ちも新たに始められて新鮮ですね。

私も、ロンドン大学に二年間留学したとき、似たような体験をしました。東京のマンションに荷物をそのままにして、ダンボール四箱だけ持って、イギリスで暮らし始めました。とってもシンプルライフ。まるで新しい人生を始めるような、わくわくする感覚でした。そのとき、しみじみと、ものがなくても生きていける、と思いました。

日本に戻ってきたとき、過去から引きずってきた、ものの多さにびっくりしたほどです。帰りのダンボールも四〇個に増えていました。

みなさんも、旅から帰ってきたときに、とくに海外旅行からもどると、普段の生活環境が違って見えたことがありませんか？

自分を取り巻く環境、ものに対して見直すきっかけになると思います。

「三年間使わないものは今後も使わないので、処分かバザーに！」と整理整頓のすすめを講演会で話すことがあります。

急に家の中を整理整頓したくなったら、それは、過去のエネルギーを解放するチャンス

なのです！

義理人情は棚上げにして、たとえ高価ないただき物でも、自分のセンスとは合わないこともあります。自分の感覚でどんどん整理を楽しみましょう！

自然に「引っ越し」が巡ってきたら、これもうれしい整理のチャンス！

古いものがなくなると、新しいものが入りやすくなります。

人間関係も同じです。いろんな人と疎遠になり、波長が合わなくなって、自分がおかしくなったのかと勘違いする場合がありますが、新しい出会いがその後、次々に起きて、人脈が変わる時期なのだと納得できます。きっと自分の波長が変わってきたのでしょうね。

まさに、「新しい酒は古い革袋に入らない」という聖書のたとえ話と同じですね。ものも、お金も、人脈も、エネルギーです。

整理整頓の時期がきたら、びっくりしないで、流れに乗って、新しいものに入れ替えてみましょう！

転校、留学、転勤、海外出張、転職、結婚、駆け落ち、離婚、死別、天災、移住など、人生に訪れるチャンスを生かしましょう。次なる人生の展開を楽しめるかもしれません。

★愛と幸せの習慣㉕ 新しいものが見つかる「ちょこっと整理」

ちょこっとだけ整理をすると決めると、調子が出てきます。大々的にやろうとすると、気分だけが疲れてしまうのです。ちょっとしたコーナーや引き出しを、気楽に片づけてみると、すっきり！

片づけに集中しているときは、自分の体に意識がはまって瞑想状態になります。

エネルギー的にも、高まってきます。その途中で、ひらめきやアイデアが降ってくることが、少なくありません。

この本を書いていて、ふと、気分転換に、書斎の片づけをしたら、ずっと探していた本が見つかって、この本で紹介したかったことまで書かれていました。

びっくり！　すべてはうまくいっている！

もし、ちょっと始めた整理がノリノリになってきたら、ぜひ、本格的にやり始めてください。

何事も気分で決めましょう。

好きなものだけをまわりに置く

私たちは、子供のころは好き嫌いがはっきりしていたのに、大人になって義理人情に流されて、ほだされて、いい意味のこだわりがなくなり、好きでないものも身のまわりに置いてしまうことが増えてきます。家の中が、あらゆるものでごちゃごちゃになってしまいます。

これをすっきりさせるヒントは、「好きなものだけをまわりに置く！」ことなのです。

これが実現できたら、とっても気持ちのよい環境になってきます。

好きでもないのに、いわゆる買い物中毒症で、いらないものも次々と買いあさって、使わないバッグや洋服で押し入れがいっぱいの人もいます。過去生はイメルダ夫人？　まだ着ていない服が山のような女性の場合、過去生の癖が残って、それを解放するためにバランスを取るレッスンのようです。

ものやお金に関しても、多いとき、少ないとき、振り子のように両方を体験するようになっています。ものへの執着は、この振り子現象が残っているからです。あまりにも貧しいと、ほしい感情が強くなります。「好きなものだけをまわりに置く！」というシンプルなことで買い物中毒症も卒業です。必ずバランスがよくなりますから、大丈夫！

あるうつ状態の女性は、押し入れに使わないブランドのバッグがいっぱい。カード破産して、いまは生活保護を受けていますが、フランス時代はお嬢様でした。そのときは私と遊び友だちだったので、縁を感じて応援しています。ガス栓をひねるとき、ちょうど送った沖縄そばが宅配便で届いて、食べてから死のうと思って、食べたら死ぬのを思いとどまり、危機一髪で間に合いました。

沖縄そばは偉大です。生きる力をくれます！

彼女は今回、かなりつらい家族関係や仕事の難しさを選んできましたが、そろそろ抜け出して次のステップへＧＯです。どん底を味わうと、もう笑うしかない、底抜けに明るくなってきます。

いらないものは、どんどん捨てましょう。ほしい人に差し上げましょう。バザーに出しましょう！

ものもエネルギーなので、動いていると気の流れがよくなって、波動が軽やかになりま

す。

同じ場所に、じっと何年間も、何十年間も動かないでいると、波動がよどんできます。自分のまわりの流れをよくしましょう！

エネルギーの流れをよくすることは、癒しです。バランスをよくすることも癒しです。

逆の手もあります。エネルギーのよいものを置くと、そのまわりの波動がよくなって、片づけをしたくなってきます。

みなさんによくおすすめしているのが、お花を飾ることです。生のお花を飾ると、妖精さんたちが掃除やお片づけを助けてくれます。普通は、片づけてから生花を飾るとみなさん思うようですが、実は逆だったんです。試してみてください。自分の好きなものだけを置くコーナーでもあると、どんなに個性の違う家族と一緒で趣味が合わないときにでも、そこをながめたり、その部屋にいると、ほっとできます。ほっとできる空間が何よりの充電場所になります。あきらめないで創ってみましょう！

★愛と幸せの習慣㉖

自分の部屋に「サンクチュアリ」をつくる

実際に、自分の好きなものだけの空間創りをしてみましょう！

たとえ、それが、ちょっとした狭いコーナーでも、そこに自分好みの波動の空間ができるだけで、とってもうれしくなって、幸せ気分になります。

英語ではサンクチュアリSanctuary（聖なる場所）といいますが、以前、アメリカ人に瞑想を習ったとき、自分の住みたいお家を瞑想中にイメージして、そこへ瞑想のたびに訪れて充電するというやり方がありました。私は、和風や洋風の家をイメージで創り上げて、何度もその家を訪ねていたら、夢の中でその家が出てきてびっくりしたことがありました。とても印象深い体験でした。

具体的に、好きなもので似たような気持ちのいい空間を創ってみると、それをながめたり、自分の部屋がすっかりそうなったら、そこにしばらくいるだけで、ほっと落ち着くと思います。

私はクリスタルが大好きなので、大好きな木造の終の棲家「天の舞」の屋根の上にクリスタルの玉をのせてしまいました。

和室の床の間にも、大きめの大好きな龍のクリスタルがあります。天井のさらに上の屋根には大きなローズクウォーツの玉があり、強力パワースポットです。そこで、よくメルマガや本を書きます。

そこに座るだけで疲れやストレスが取れて、生あくびが出るとすっきり。

さぁ、あなたも自分空間、サンクチュアリを創りましょう!

夢実現が早くなる「イメージの力」

人生は自分の思いで創っていて、その思いをまわりに語ったり、イメージで表現したりすると、さらに実現が早くなるということが、最近、体験からますます実感できるようになりました。

自著『人生のしくみ』（徳間書店）は、サブタイトルが「夢はかならず実現する」で、具体的なワーク（体験学習）として「夢実現のためのコラージュ作りのワーク」をすすめました。実際にワークでやってみなさんとコラージュを作ってみると、参加者のその後のフィードバックでは、約七〇％～八五％の確率で夢が実現しているそうです。

これはかなりの確率です。コラージュにはまった人の話では、二億円の宝くじが当たるというイメージ以外は叶うので、また新しいイメージを貼りつけてコラージュを作るのだそうです。

ほしいものは、雑誌やチラシからイメージを切り抜いて画用紙に貼って、自分の部屋に飾っておくと、より自分のイメージが潜在意識にしっかり入って、実現しやすくなります。

具体的なイメージをノートに書き出すことも大切です。

新年が改まったときに、よく新しい一年をどう過ごすかを新しい手帳に書きますが、それを毎日続けて、スケジュール管理のみの手帳ではなく、夢を実現する手帳の使い方の本まで出ています。毎日の習慣が大切ですね。

★愛と幸せの習慣27　夢のコラージュをつくる

スケッチブックか画用紙を用意して、真中に、最近の自分の顔写真を貼るか似顔絵を描いて、そのまわりに、自分のほしいもの、好きなもの、大好きな人、行きたいところ、住みたい場所、夢をイメージで描いたり、雑誌やちらしから切り抜いて貼ってみてください。

それをながめたり、部屋に飾っておくと、自分の潜在意識にイメージが刷り込まれて、そのイメージを実現することができます。

夢がはっきりしない人にも、クリアになってくるので、ぜひおすすめです。

そのコラージュをたたんで持ち歩いている人もいます。批判的でない人に見せて解説するのも、さらに効果があるでしょう！

自分の夢を人に語る、いいきっかけになりますよ。

★愛と幸せの習慣28 手帳に「やりたいことリスト」を書く

あなたは、どんな手帳を使っていますか？

私は大好きなピンク色の手帳、江戸の手帳「江戸帖」、そして沖縄手帳を使っています。

まるでスーパーへの買い物リストのように、ほしいもの、実現したい夢を、さりげなく、でもしっかり手帳に書いていく習慣を身につけましょう！　何度も書いていると、書くたびに潜在意識に入って、そのようになっていきます。

私は、手帳三冊を使い分けてきました。

一つはルーズリーフで毎年入れ替えるスケジュール用、そしてピンクの日記用、ノート形式で気がついたもの、夢のリストなど、何でも描く手帳です。これは、自分のアイデアブックにもなります。みなさんも、自分のやりやすい形式で、とにかく書き出す習慣をつけましょう！

私も、やりたいことをリストアップして実際に書いてみることで、いろんなアイデアが出てきて夢がふくらんでくるのです。

本を書くときも、伝えたいことを思いつくままに箇条書きにして、それを勢いで書いて、後で並べ替えていきます。パソコンができて、その作業が簡単にできるのでとても楽ですね。

地に足をつけると、お金やものを引き寄せる理由

「地に足をつけなさい！」と、気が上ずっているときによく言われる言葉があります。「現実的になりなさい」という意味ですが、本当にエネルギー的にも地面にきちんとアースしていないと、下半身のエネルギーまで上にいって、上半身にばかりエネルギーがたまり、逆三角形になってしまいます。

バランスが悪いため、転んだり、前につんのめったり、踏み外したり、人にぶつかって怒られたり、そんな症状が多い方は地に足がついていないのです。

そうなると、何をやってもちぐはぐで、すべてがずれずれ。目もうつろ、視界も狭く、仕事もはかどらず、もちろんお金も回ってきません。首も固くなって、まさに「借金で首がまわらない」状態です。

ですから、**ほしいものやお金を引き寄せるには、しっかりと地に足をつけることが大切です。現実的になるということです。**

ただ、この現実がつらいときに、あんまりつらいと、何もかもイヤになって、何でこんなに自分だけつらい思いをしなくてはいけないの？　と暗くなり、現実逃避をしたくなることがあります。あまり落ち込むと、うつ状態になってしまいます。最近は経済的な行き詰まりで生活保護者が増えてきているのも事実です。

地球という青くてきれいな星を選んで、愛のレッスンを受けるために、私たちは何度も生まれ変わって、地上で様々な体験をしています。せっかく地上に降りてきたのに、きちんと地に足をつけないで、あの世に帰りたいと、浮いてしまうのは、実にもったいないことです。

クリニックに来る自殺願望の人にも、「**大丈夫、みんなもれなくあの世に帰れるから。必ず死ねるから心配しないで。自分が決めた寿命まで、やりたいことをやって輝きましょう！**」とずばり言うようにしています。

そして、地に足がつくのを助けるクリスタルやアロマを使ってヒーリングをしています。クリスタルでは、ヘマタイト、パイライト、タイガーアイ、ブラックトルマリンなどが、おすすめです。

地に足がつくのを助けるクリスタルがそのまま金運にもいいのです。このことからも、地に足をつけることが、ものやお金を引き寄せることを裏づけていますね。アロマは、ティートリー、ペパーミント、ユーカリ、ローズマリー、ジュニパー、伊集ぬ花などがおすすめです。

普段の生活の中で、簡単に、しかも楽しくできる地に足のつく方法を伝授しましょう！

★愛と幸せの習慣29 しこ踏みで「ゆるぎない自分」をつくる

まず、お相撲《すもう》さんのように、しこを踏んでみましょう！

股を十分に開いて、「よいしょ」と力強く掛け声を元気よく言いながら、右、左と交互にしこを踏みます。これは、腰の重心がしっかり降りて、かなり地に足がつく状態で、英語でGroundingグランディングといいます。

セミナーや講演会で、グランディングの三点セットと題して、

①しこを踏む

②よっしゃ（愛と幸せの習慣19「できる、できる、よっしゃ〜」の応用です。「いまに生きる、

よっしゃ～」や「私は私、よっしゃ～」を三回ずつ）

③インディアンの踊り

を実践してもらっています。大勢でするると、ますます元気にパワーアップです。笑いの渦で盛り上がり、はじけていきます。

小さいころ、祖父の膝の上に乗って、テレビでよくお相撲を見ていました。体の大きさに関係なくそのときの重心が腰よりも上だと簡単にころりと負けて、いくら体が小さくても、体の重心が低くて、ゆるがないと、しっかり取り組んで、なかなか負けないことを知りました。

重心、つまりエネルギーがたまっている場所の位置がとても大切です。あらゆる武道も同じです。

膝のバネが柔軟で、重心が下のほうに安定していることが、ゆるがない秘訣なのです。

自分が社会の中で、グループの中で浮いてしまう（日本語の表現は素晴らしい！）あるいは、ゆらぎやすいならば、ぜひしこを踏んでみましょう！

★愛と幸せの習慣30 楽しく笑いながら「インディアンの踊り」を

これも、最高に楽しいグランディングの方法です。しかも、運動不足解消になります。場所を取らず、短時間でもかなりの運動量です。

まず、万歳《ばんざい》の姿勢で両手を挙げて、「はっ、はっ、はっ」と腹式呼吸をしながら両足飛びをします。それから腕を交互に上下運動をします。足も交互に、膝を高く上げるようにして、その場でまわりながらやってください。

その後はインディアン時代を思い出して、奇声（気勢？）を発してください。笑いがこみ上げてきます。びっくりして家族の人が飛んできたら、一緒にやってみてください。輪が広がります。

これをすると、人間関係の疲れやストレスがたまっている脇のリンパの詰まりも解消！そけい部のリンパの詰まりも解消できます。あら、なんておトク！

長さは二～三分で十分です。五～一〇分間やってみたら翌日は筋肉痛でした。クルマ社会になって、運動不足には楽しく笑いながらインディアン踊りを！

★愛と幸せの習慣31 「首の流れをよくする」と、お金の流れもよくなる

首は、とても大切な部分です。英語でNeckネック。「それがネックだ」という表現を使っています。でも、日本語で言うと少し変です、「それが首だ」と純粋に日本語で言われても、本当に首をかしげてしまいます。社長が社員に「おまえは首だ！」と言われると、ドキッとします。でも、「おまえはネックだ！」といわれても、「おまえはネクラだ！」と聞き間違えそうです。

つまり、首はエネルギー的に大事な要なのです。ここがやわらかく、しなやかで、涼しいことが、いい状態です。

もし固くなって太くなったり、熱くなっている場合は、エネルギーの流れが悪く、下半身のエネルギーまで上のほうに集まって、バランスが悪くなっています。首をよくマッサージしてほぐしましょう。

首の流れをよくすると、アイデアも浮かんで、お金の流れもよくなります。レッツ、首ももみもみ！

お金のエネルギーを大切に

ものを大切にすること、お金を大切にすること、食べることを大切にすることなどは、地上での生活を大切にして、地に足をつけることになります。

大切にすれば、それに応えるように、大切に扱われたものも、お金も、食べ物も、その人を大切にしてくれます。すべてがエネルギーですから。

あるテレビの番組で、お金持ちになる秘訣をインタビューしていましたが、お金を丁寧に扱うことだと言っていました。その人は、お金を愛情込めて慈しむように扱っているのが印象的でした。

お金を汚いものと思ってしまう人、お金持ちは悪いやつと思ってしまう人。これは、きっと過去生からの影響が残っていますよ。お金にまつわるイヤな思い出や、大地主や高利貸しなど、意地悪なお金持ちにいじめられて、マイナスの思い込みが残っているのでしょう。お金そのものは純粋なエネルギーです。良い悪いはありません。

お金をどうしても特定の人に貢いでしまう場合も、過去生でその人に助けられて恩返しをしているのでしょう。

逆に、困っているときによくしてもらう場合、昔、助けてあげた恩返しを受けているのです。心から、ありがとう！　を言って受け止めてください。相手は恩返しできたと、ほっとしてくれます。

お金に対して、あるいはお金持ちに対して、マイナスに反応してしまう人は、ぜひ、今回の人生で楽しくお金とつきあって、お金にまつわるマイナス感情をすっきり解放しましょう！

やはり、何でも愛情を込めてつきあっていると、ちゃんと相手も応えてくれるのですね。まるでお金を汚いものと思っていたら、お金のほうも、イヤがって近づいて来てくれません。この「大切にする」ことを「楽しむ」にパワーアップしませんか？

それには、ずばりのワークがあります。セミナーや講演会で好評なので紹介しましょう！

★愛と幸せの習慣㉜　「お金が大好き〜」宣言

自分で自分を抱きしめるポーズをします。そして、大きな声で、

「私はお金が大好きです！」

を一〇回唱えるのです。これは、先ほどのお金に対してマイナスの気持ち、意識、イメージを持っている人には、バッチリです。

少なくとも、一〇回唱えることで、しっかりと潜在意識に入ります。

以前、経営者の集まりに呼ばれて、講演をしたときに、これをしましたが、大ウケでした。笑いもいっぱい！

さらに、グランディングも兼ねて、「よっしゃ〜」と組み合わせてもいいですね。

「お金大好き〜、よっしゃ〜」

を、両腕で腰を引き締めながら三回続けてやってみましょう！

お金持ちになりたいのに、お金が嫌いだったり、お金の悪口を言わないようにしましょう！

お金というエネルギーが聞いています。

★愛と幸せの習慣33 寄付をしてお金の流れを変える

過去生の振り子現象を体験していて、貧しさや借金やきちきち生活から抜け出したいときに、流れを変えるために、ぜひ寄付をしてみましょう！

自分も大変なのに？　と思わないで、一〇〇〇円でも二〇〇〇円でもいいからやってみませんか？

お金持ちになると大きく寄付をしますが、なる前に、もうなっているという前提を潜在意識に入れるのです。

プチお金持ちになってしまいましょう！　台風や地震や津波の災害がありましたから、寄付をするところには悩みません。お金は十分ある、宇宙に預けていると思って、優雅に振る舞ってみましょう！　必ず潜在意識にいっぱい詰まったマイナスの思い込みを解放できます。レッツ、寄付！

あなたは社会にどんな種をまいていますか

ここで、具体的に、とても参考になるケースを紹介します。

漫画を連載した縁で読んだ週刊誌『女性自身』に、感動的な体験談が出ていました。シリーズ人間「種を蒔《ま》くのが私の仕事です！」から。テレビにも紹介されたそうです。

父親の事業を父亡き後、継いだ三二歳の一人娘さんが、経営は素人なのに、みごとに負債一〇億の倒産寸前のメッキ工場を立て直した話が出ていました。しかも、父親のすぐ後に継いだ人がひどい経営をして、またたく間に倒産寸前に追い込んだため、娘さんが後始末をしたのです。

まずやったことは、朝早く会社に出て、社員に笑顔で一人ずつに挨拶、そして、掃除を始めたのです。一流の職人さんはきれい好きだと知っていたからでした。一代で年間一五〇億円の売上、無借金の安定した会社を築いた父親は、国際社会を見越して、娘さんの教育をインターナショナルスクールに任せたのです。彼女は、上智大卒、アメリカ留学、そして英語と音楽が得意なのを活用してＤＪを仕事に選びました。

父親から引き継いだのは、人の心をつかむ技術だけでなく、異文化に触れてきた体験を生かしてインターネットの活用を始め、ホームページを作ったことで、大きな仕事が舞い込んできました。なんと、血管の中を通すカテーテルに数十ミクロンの金メッキをする仕事でした。

コミュニケーションも大切にして、年に一回は全従業員と三〇～九〇分は膝詰めで話をしたのです。社長自ら飛び込み営業も頑張りました。従業員の誕生日には赤か白のワインをプレゼント。

彼女の努力が実って、一年八ヵ月後に社員全員の前で言いたいことがあると言って呼ばれて、何事かと震えていたら、一斉にクラッカーが鳴り響いて、彼女のお誕生日の花束が目の前にあって、思わず泣いてしまったそうです。素晴らしいですね。

負債はどんどん減って、四年たって会社は復活してきました。業績だけでなく、従業員の手で種から育てられた会社の入り口の花々も輝いてきたのです。

彼女は、コミュニケーションを大事にして、従業員を大切にしました。人に応援される条件も整っています。

どんな種を蒔いて、どうやって育てるのか。どんなことも、努力と直感と幸運を引き寄せるパワーが実現させるのだと思います。

人に、社会に喜んでもらえる仕事をして、誠心誠意尽くしたときに、実現の花が咲いて、お金というエネルギーが戻ってくるしくみになっています。

何かの魔法でプロセスを全部パスすることは、地上では難しいです。逆に難しくなっているからこそ、達成感や充実感、喜びを感じられるのでないでしょうか。

あなたは、どんな種を蒔きますか？

自分の中の「宇宙」とつながる

いよいよここまできました！

そうです。成功を願って、それなりの本を読んだことがある人は、必ずこの名前を聞いたことがあると思います。

ジョセフ・マーフィー（Joseph Murphy）です！　精神法則に関する世界最高の講演者の一人です。神学、法学、哲学、薬理学、化学の博士号を持っていて、潜在意識の活用については世界ナンバーワンです。一九八一年に亡くなっていますが、いまだにマーフィーの本は、世界中で読み継がれて活用されています。日本でも、たくさんの本が翻訳されています。

『マーフィー　欲しいだけのお金が手に入る！』
『マーフィー　眠りながら巨富を得る』
『マーフィー　あなたも金持ちになれる』

など、三笠書房から十数冊出ていますので、直感でピンときたら読んでみてください。なかなかそそられる題名ですよね。ある沖縄の友人は、『マーフィー　眠りながら巨富を得る』の本を読んで、さっそく実践したら、すぐに予定外の五〇万円の収入があってびっくりしていました。

マーフィーの理論は、一言で言うと、自分の中の光、宇宙とつながるやり方です。表面意識と光の間に潜在意識が立ちはだかっているので、そこをマイナスの思い込みでなく、プラスの思い込み、願望に置き換えて、光との距離を短くつなげてしまう方法です。そして、祈りがその役割を果たすのです。

彼が神学者であることも、ちゃんと活用されています。人生に一切の無駄なし！

マーフィーが提唱する潜在意識の増大の法則とは、「潜在意識に預けるものは何でも増大する」という原因結果の法則です。人間の意識は、集中したものにエネルギーを与えて、ふくらんでいきます。

心配ばかりして、それを妄想のようにふくらませると、巨大なエネルギーの塊《かたまり》になって、心配していることが起きてくれないと困るような、変なことになってしまいます。

マイナスに増大させないで、明るく楽しいイメージをふくらませるほうが、ずっとエネルギーの使い方としては上等です！（あっ、沖縄言葉が出た〜、うれしい！）。

★愛と幸せの習慣34　宇宙の無限のパワーを呼び覚ます方法

奇跡を呼び起こすには、私たちの内なる光、偉大なる存在、サムシング・グレイトSomething Great（遺伝子博士の村上和雄教授の発案）の力を大いに活用しましょう。

ぜひ、声に出して、読んでみてください。自然に、自分の内なる光につながって、思いがけないパワーがあふれ出てきます。

自分の中に、こんなにエネルギーがあったと、うれしい驚きを感じてみましょう。

私は、内なる光、偉大なる存在、サムシング・グレイトとしっかり、つながっています。

私は、光であり、無限大に広がる意識そのものです。

私は、今までの、不安、恐怖、罪悪感などを一切、解放し、心の中に、深い安らぎを感じています。

私は、宇宙の無限の力とつながり、創造の喜びを日々感じています。

私は、豊かさと愛と調和の中にあり、人生を最高に楽しんでいます。ありがとうございます！


力がみなぎってきましたか？

言霊パワーは、それを声に出して、発するだけでも、素晴らしい威力があります。もうすでに、成功して、豊かで、喜びを感じているという、いい思い込みを、潜在意識に入れましょう。

寝る前に、もう一度読んでみてください。寝ている間に、深くしみ込んでいきます。その気になって、そうなっているように振る舞うことが、とても大切なのです。

もし、クリスタルをお持ちでしたら、そのときに使いたいと、直感で選んだクリスタルを手に持って、瞑想してみましょう。さらに共鳴して、パワーアップします。

三分間でも、しっかりと声に出して宣言をした後、目を閉じて、静かに、自分が光に包まれていることをイメージしてください。

本当に、内なる光、偉大なる存在とつながって、心が穏やかに、安らかに落ち着いてきます。きっと、質のいい、やすらぎの眠りを体験できますよ！

人と喜びを分かち合える「心の豊かさ」

かつて、東京時代に、こんな話を聞いて、反面教師として学びました。

一九億円のビルを持っている、お金持ちの家に、相談したいことがあると言われて訪問したら、時間がかかって、食事時になり、「何かでるかな〜、お寿司か鰻かな〜」と、ちょっと期待していたら、カップヌードルが出されてびっくりだったとか！

本当にびっくりの体験ですね。悲しい響きが伝わってきます。

「おまえんちも普通だな〜」と友達に言われて、二人でカップヌードルを食べるCMがありましたが、まさか、大人同士で同じことが起きるなんて……。

お金があっても貧しいですね。貧しくても、心のこもった沖縄のおばあたちの手作り料理、ソーミンちゃんぷる（そーめんの焼きそば風）やヒラヤーチー（お好み焼き風）のほうが、ずっと豊かです。できれば家にあるもので手作りの料理をふるまうことが、愛のあるおもてなしだと思います。手からでる愛のエネルギーが、作った人と食べる人を優しく包んで生きる喜びと豊かさを感じることができます。

豊かさとは、その人の心が映し出されて、表現された作品のようなものです。

創意工夫によって、いくらでも豊かになります。

私たちが、一番、豊かに感じるのは、自然のエネルギーを感じたときだと思います。そして、喜びを分かち合えることでしょうか？　分かち合える家族や仲間を感じたときに、幸せ～と感じられるのです。

アメリカやイタリア、日本でも、自然の中で仲間と共同体・コミュニティを作って、一般社会の枠からはずれて、経済構造も独自に、共同体の中だけで使えるチケット制度を作ったりして、実験的に成功しているグループもあります。

うまくいかずに解散したところもあります。

笑い療法の師匠、パッチ・アダムス先生も、アメリカ、バージニア州のバージニアに土地を購入して、コミュニティと無料の病院を作ろうと頑張っています。まだ、小さい規模ですが、着々と進んでいます。最近では、その場所だけにこだわらずに、世界中を回りながら、笑い療法が広がることを喜びにかえています。世界中に、愛と笑いのわかる仲間ができて、光のネットワークとして、手応えを感じてきたのでしょう！

パッチ先生も、バージニアに早く大きな病院を作るとあせらなくなりました。とてもすてきな気づきだと思います。

私も、自著『人生のしくみ』に夢のリストの一つとして、虹と天使の学校を創りたいと書きましたが、その代わりに沖縄でヒーリングスクールを、今ではクリエイティヴスクールをやっています。うれしいことに、沖縄の那覇高校、看護科の生徒に四年間授業をした後、中部農林高校、福祉科の生徒に一般医学の授業を三年間やりました。

こんなうれしいエピソードがありました。

十二月最後の授業の前、クラスの子供たちがクリスマス会をしてくれて、おいしい手作りお弁当とケーキをご馳走してくれたので、お礼に天使へ変身して、過去生療法の誘導瞑想を体験してもらいました。

約四分の一くらいの生徒が、過去生のイメージを見られてびっくり。私も、天使の格好をしたまま、授業をして、黒板に狭心症と心臓神経症と心筋梗塞の比較を書いていて、自分で笑ってしまいました。

本当に天使の学校になっている！　と。土地を買って、校舎を建てて、虹と天使の学校を創ると思っていたのですが、いつのまにか、自然の流れの中で、その状態を創っていることに気づきました。

ものやお金は、たしかに地上で生きていく上で必要なのですが、やはり、心あっての、魂あってのものです。

ものがあふれている部屋よりも、ものが少なくて、スペースが広いほうが、豊かに感じられます。

お金もただ多いよりも、やりたいことがはっきりしていて、それを実行できることに使えたら、お金というエネルギー、お金さんも本望だと思います。

本当に、お金をためることより、どのように使っているかのほうが、大切になってきます。有効なお金の使い方ができると、お金も使った人も、それにかかわった人も、輝いてきます。

私は、お金をうまく使う名人です！

私は、無限の力、宇宙とつながって、とても豊かです！

この宣言を共（友）にして、この章を終わりにしましょう。

第5章

100%思いどおりの運命をつくる習慣の魔法

眠っている「才能」を呼び起こすスイッチとは

自分には才能があるのに、それが眠っていて、まだ開いていないと思ったことはないですか？

遺伝子学的には、九九・九％、ほとんどすべての人にあらゆる夢が叶うための才能が平等に与えられていて、決して才能が親から子へと引き継がれるのではないと筑波大学の村上和雄先生の本や講演会から学びました。科学書としては珍しいベストセラーとなった本『生命の暗号』（サンマーク出版）をぜひおすすめします。

これは画期的ないいニュースです。私たちは親から遺伝して、それなりにしか伸びないと思い込まされてきました。

このいいニュースを知ってから、中学や高校での講演会で、「夢は必ず実現する」というタイトルで、この遺伝子レベルからの、明るい、元気になる情報を伝えています。

まだ目覚めていない遺伝子のスイッチをオンにすることは、とっても簡単です。

自分にもできると思うこと！　です。

これは、第4章でもお伝えしましたが、マーフィーがしきりに言っているように、「**人生はできると思った人に運がつく！**」のです。

とてもシンプル！

そして、この「運がつく」の「運」は「宇宙エネルギーが流れること」を表しています。

宇宙エネルギーは、物事を物質化する創造のエネルギーの性質を持っています。**「できる」という言霊《ことだま》が創造エネルギーのスイッチを入れて、流れ始めるのです。**

直感でできると思ったときに、サーッとエネルギーが流れる感覚を味わったことはありませんか？

こういうときは、迷わずに前進です。宇宙エネルギーの流れ、運気に乗ってタイミングも状況もぴったりのときですから、まさに天がOKを出している感じです。

逆に、流れないとき、あっちにもこっちにもぶつかるときは、素直に、いまは、そのタイミングではない、と気づいて無理押しをしないほうが、もっといいタイミングにもっといい結果が出るようになります。

「自分は運がない」とか、「ついてない」と思わないこと、口にも出さないことです。

決して、まわりにいる人に八つ当たりをして、その人のせいにしないことです。次の本当にいいタイミングまで待つことです。あきらめずに「タイミング調整中！」だと思うことです。心がぐんと軽くなって、やる気はなくならず、さらなる準備をしたくなります。けなげに、「大丈夫！　きっと次があるから」と言っていると、まわりの人は、感動して応援したくなります。応援が増えれば、さらに大きな成功に結びつくのです。

何かあったときに、どう対応するかを、まわりの人はよく見ていますから。失敗のたびに、かえって応援団を増やしていく場合もあります。そして、成功したときに、その応援団と共に喜びを分かち合えるのです。

まず、身近なパートナーに応援されることです。家族の応援は大きいのです。

普通の人は、妻に仕事の話をせず、仕事と家庭を別に考えているそうですが、あの発明王のエジソンも実験結果を毎日、妻に話していたそうです。すてきですね。だから内助の功というのでしょう。

成功は、パートナーとの共同作業なのですね。結婚式のケーキカットだけでやめないようにしましょう！

そして、**才能の扉を開く刺激に、成功した人の話を聞いたり、本を読んだりすることも、**

また、直接会って、直にその人のパワーを感じて波動で刺激を受けることも大切です。

もし、尊敬している人、あんな人になりたいと思っている人が見つかったら、ラジオ、テレビ、新聞、雑誌などに紹介されている場面を見たり、講演会やその人のコンサート、ライブ、イベントなどに参加してみてください。

私も笑い療法のドクターの映画「パッチ・アダムス」を見て、ワシントンまで会いに行きました。もし、それをしなかったら、いまの楽しい笑いがいっぱいの講演会にはならなかったと思います。そのとき感じた直感、衝動を大切にしましょう！

★愛と幸せの習慣35　才能を開くクリスタルとアロマ

才能を開くお手伝いをしてくれるアロマが、ジャスミンです。

沖縄の人は、みなさん芸達者です。毎日、ジャスミン茶、沖縄では「さんぴん茶」と呼ばれているお茶をぐびぐび飲んでいるせいか、たくさんの才能が開いています。さまざまなアーティストが活躍しています。とくに、ミュージシャンがいま大活躍しています。

自分には何の才能もないと思い込んでいる人は、右の腰のあたりが固く盛り上がっています。

これは、たくさんの患者さんを診てきた体験から感じたことですが、その場合にジャスミンをかいでもらって、ハンドヒーリングでやさしくなでると、すぅーと流れて右腰がへこみます。腰が軽くなって、やる気が出てくるのです。

みなさんも、ちょっと右手で右側の腰を触ってみてください。腫れていたら、さんぴん茶（ジャスミン茶）を飲むか、ジャスミンの香りをかいでみてください。

才能を開くお手伝いをするクリスタルは、究極すべての石ですが、代表選手はクリアクォーツです。そして、レインボークォーツ、アポフィライト、ファントムクォーツ、レムリアンクォーツ、ゴールドカルサイト、アメジスト、ラピスラズリ、フローライト、ロードクロサイト（インカローズ）など。他にもいろいろありますが、いま自分がとくに惹かれる石が必要な石だと思います。

実際にショップで手に取って感じてみてください。そして、身につけたり、握ったり、すりすり頬擦りすると、共鳴して、才能の引き出しがオープンしますよ！

そして、クリスタルが喜ぶのが、次のヴォイスヒーリングです。

もちろん、私たちの魂も大喜び。これも試してみましょう！

★愛と幸せの習慣36 ヴォイスヒーリングのすごい効果

ヴォイスヒーリングとは、心のおもむくままに、直感で声を出して、メロディーだけで愛をこめて歌います。即興です。講演会で瞑想のときに、誘導として歌うのですが、懐かしくて、悲しくないのに、涙を流す人もいます。誘導瞑想のCDをつくってみたら、ぐっすり眠れると大好評です。

お風呂に入って、お湯に浸かりながら自分の癒しのためにヴォイスヒーリングをやってみてください。とってもリラックスできます。しかも自分が音痴《おんち》だと思い込んできた人ほど、自分の声にうっとりエクスタシーを感じられて、カラオケの女王に変身するかもしれません。

ヴォイスヒーリングの不思議なパワーは、あるクリスタルショップで体験しました。一〇年間やってきたお店を閉めようと考えていたオーナーに、新鮮な衝撃を与えてしまったのです。

たくさんのクリスタルをうれしそうに見ていたら、クリスタルたちからのリクエストでヴォイスヒーリングをしました。ほとんどの石が共鳴して、コト、コトと音を立てながら動きだしたのです。

オーナーさんはクリスタルが出す音にびっくりして、「何をしたんですか？」「クリスタルからリクエストされたので歌っただけです」「えっ、クリスタルがしゃべったんですか？」「クリスタルは生きてますよ～」。それから気持ちを入れ替えて、クリスタルヒーリングのセミナーにも参加してくれました。あれから十年たっても、楽しくお店を続けています。

昆虫や動物もヴォイスヒーリングが大好きです。

軽井沢でトンボをヴォイスヒーリングしたことがあります。

人差し指に止まったトンボに、ヴォイスヒーリングを試してみたら、びっくり。トンボがアゴを私の指にのせて羽根をたたんで、一八分間、じっと聞き入ってくれました。これ以上リラックスしたら、落ちそうというぎりぎりのところで止まっていました。

沖縄の動物病院に入院していた犬のお見舞いに行ったときのことです。ヴォイスヒーリングをしたら、落ち着かなかったほかの犬や猫たちまで、ぐっすり眠ってしまいました。

やはり沖縄のショッピングセンターで、籠の中で、びくついて落ち着かないプレリードッグにも歌ってあげたら、とろけて、ずるずると崩れ落ち、寝入ってぐっすり。

生き物も石も、もちろん人間も、ヴォイスヒーリングでとろける～！

運命を変える「言霊パワー」

ヴォイス（声）の次は、言葉です。

言葉にはパワーがあり、断定して、強く言いきると、あるいは声に出して宣言すると、さらにパワーアップして言霊になります。

「幸せになりたい」と言うと、まだ幸せではなくて、願望があるという状態です。「幸せになりたい」を口癖にすると、このままの状態を潜在意識は持続しようとします。幸せの状態に到達する前の状態が続くことになります。「やっぱり、いつも私は幸せになりそうでならないの！」と言って、ため息をつくのです。

「私は幸せです！」を口癖にしていると、もうすでに幸せな状態であると潜在意識は認識して、どんどん本人の幸せの状態を創り出すのです。

これがシンプルな宇宙の法則です。ついでに「私は宇宙一幸せです！」と言ってみましょう！

すでに叶っている、その状態をイメージして、本当になりきってしまいましょう！

いままでため込んだマイナスの思い込みをプラスに置き換えてみましょう。誰かにやってもらうのではなく、自分で変えられるのです。

ということは、「疲れた～」「できない～」「だめだ」「どうせ無理」などを連発しないことです。

せめて、「今日も元気！」「絶好調」「ノリノリ！」「よく頑張った～」とか「大満足～」に置き換えて、すぐに実感が湧かなくてもいいから、セリフと思って言ってみませんか？

それでも言霊パワーが十分に働きます。


私の口癖は、「幸せ～」「ブラボー！」「人生～最高～！」「万歳～！」

「ありがとう！」「よくやった～」「すべてはうまくいっている」

「よっしゃ～！」「大好き～」「やった～」「ラッキー」「ついてる」

「大丈夫さ～」「できる」「おいしい」「かわいい」「すてき～」「いけてる」

「できる、できる」「あともう少し」「いいんじゃない～」

「好きにして～」「直感、直感、大直感！」「輝かしい衝動行為」

などです。

気に入ったのがあったら、ご自分のレパートリーに入れてください。そして、みなさんも書き出してみてください。

自分の思いの癖がわかって、面白い発見があります。

★愛と幸せの習慣37 「幸せ～」の言葉で幸せ倍増！

幸せを感じるときは、どんなことをしていると感じますか？

お風呂のお湯に浸かっているとき、ベッドにもぐり込んだとき、野原に大の字に寝てアースしたとき、気持ちいいセックスをした後、おいしいケーキを食べたとき、きれいな青い海を見たとき、もっといろんな場面があると思います。

「私って、幸せ～」と声に出して言いながら、自分をしっかり抱きしめてみましょう！ マジックのような言霊パワーに包まれて、幸せ度が倍増です。

そのときに自分が幸せを感じる状況をイメージで描くと、実際に体験しているのと同じような感覚になって、潜在意識に刻まれます。

これもクリエイトです。ついでに幸せを感じるときのリストを書いておくと、創造の宇宙エネルギーは、そのリストを見て、よっしゃ～とクリエイトしてくれますよ。

★愛と幸せの習慣㊳ がんばった自分に万歳三唱

「万歳」は、昔は「ばんぜい」と発音して、漢字の意味のように「長い年月」「永く栄えること」「寿命などを祝福して唱える語」などを意味します。

その後、「まんざい」とも読むようになって、今日の「漫才」の元、「笑いの二人組芸人」を表現します。ですから、この万歳三唱には笑い療法が言霊として十分に入っているのです。

クリニックでは、感情の解放が無事に終わったときに、大事なセレモニーとして、海に向かって一緒に万歳三唱をします。

みなさん、うれしそうに、晴れ晴れと、自然に笑いや笑顔が出ます。

これは、力強く印象に残り、「解放されました」と完了形、過去形になって、しっかり意識に入るので、大脳や潜在意識は、「もう解放された」のだと思い込んで、そのような状況を創っていきます。

仕草が手放しに喜ぶポーズなので、両脇のリンパ節も楽になり、体も解放されて、血液やエネルギーの流れがよくなります。しかも、自分を認める行動にもなるのです。

たかが万歳、されど万歳は効く。

いままで頑張って生きてきた自分を称えて、万歳三唱をしましょう！

「よく頑張りました。万歳、万歳、万歳！」

何か小さなことでも、ひと区切りついたら、ぜひ元気よく万歳三唱を。

一人でも、二人でも、グループでもＯＫ！

★愛と幸せの習慣39 カニ踊り「すべてはうまくいっている」

最強の言霊パワーが出ました！「すべてはうまくいっている」です。

佐田弘幸さんの本『すべてはうまくいっている』（総合法令出版）のタイトルが潜在意識に入っていました。五年後に沖縄で思い出し、海辺のカニからインスピレーションをもらって、「カニ踊り」を創ってみました。五年ものの熟成言霊です。ワインみたい？

クリニックの初診の最後に、患者さんと向き合って、マンツーマンで伝授しています。言霊パワーと笑い療法のブレンドですね。セミナー、ワーク、講演会の最後も、必ずこのカニ踊りで締めています。

この言霊は宇宙の法則でもあり、深い意味を表現しています。人生を表面でしかとらえない人には最初は言いにくいかもしれません。しかし、だんだん「人生のしくみ」が見えてくると、深遠な「宇宙のしくみ」まで相似形に感じられてくるのです。

口癖にすることは必ずそうなるとよく言われています。それが本当なら、すてきなパワフルな言霊を口ずさんだほうがいいと思いました。しかも、ただ唱えると念仏のようになってしまうので、明るく笑えるように、シンプルな踊りにしてみました。カニはいつもピースサインをして、ダブルの勝利です。しかも横歩きでワイドに視野が広がります。

両手でピースサインを作って「すべてはうまくいっている！」と言いながら、右に二回、左に二回と横歩きをしましょう！

もし、すべったときは、パロディ版**「すべってもうまくいっている！」**を必ず言って笑いましょう！

中之島の大阪中央公会堂での講演会のとき、シャンデリアの大正ロマンの会場に合わせて、すてきなドレスに変身しましたが、みごとにすべってしまいました。でも、すぐに「すべってもうまくいっている！」を言えました。この言霊がしっかり身についていることが証明されて、とてもうれしく感じました。

★愛と幸せの習慣40　朝一番に「なんくるカード」

「なんくるカード」の「なんくる」とは、沖縄の言葉で「何とかなるさぁ〜」の意味です。フランス語では、ケ・セラ・セラ。おめでたい言霊です。

沖縄の言葉をたくさん使って、明るく元気になる言霊を書いた上に、カラフルでかわいいイラストを添えた、すてきなカードです。ヒーリングアーティストのはせくらみゆきさんと一緒につくりました。

学校の先生や生徒に人気があります。

朝、出かける前に、カードを引いて、出てきた言霊を胸に一日をスタートすると、「今日のテーマ」がはっきりして、心強いのです。

みゆきさんの息子さんが、テスト前に不安になって、「なんくるカード」をひいたら、「虹と天使」のカードが出てきて、それには、

「虹の天使をひいたなら
天がオッケーだしている
いまの調子で　大丈夫！」
と書かれていて、ほっとしました。本当かな、ともう一度シャッフルして引いたら、また同じ「虹の天使」が出て、やっぱり。でも、もう一回と、三回目。また同じカードが出て、さらにびっくり。彼は、安心して学校に行って、にこやかに帰ってきたそうです。
いま、私もカードを引いてみました。「すべてはうまくいっている」のカードが出ました。
「マイナス　プラス　まるごとオッケー
すべてはうまくいっている
すべってもうまくいっている」
というカニ踊りのおめでたい言霊が書かれています。これで、今日は、楽しくやりたいことができます！　ブラボーです。
二人で太腿をたたきながら、リズムのいい言霊を選んだので、とても調子がいいです。何回か音読してみてください。
潜在意識に入って脳も活性化され、一日を元気に過ごせます。

体からのメッセージを聞いてください

二〇世紀までは、宗教からの学びで、自己犠牲が尊ばれてきました。ところが私たちの意識が高まってきて、二一世紀に入ると、そろそろ自己犠牲を卒業する時期になったようです。これからは自分も健《すこ》やかで、楽しく、仕事や奉仕ができる時代です。具体的なケースを紹介しましょう！

クリニックに来られた四〇代の女性のケースを紹介します。膵臓《すいぞう》がんで手術ができなくて、抗がん剤の治療を受けているのですが、副作用でとても苦しんでいました。吐き気がひどくて食べられないのです。

ヒーリングしてみると、体からのメッセージは「体の声を無視して仕事をハードにこなしてきたので、**体を大切に、体からのメッセージにも耳を傾けてほしい**」とのことでした。

いまの症状に関係していた過去生は、ヨーロッパ時代に修道院で自分の背中にムチ打って、ミミズ腫れするほど痛めつけて、イエスさまの苦しみを分かち合うという自己犠牲に酔っていたのです（イエスさまはきっと喜ばないでしょうに）。

その時代に私もいたので、縁があってセッションをすることになったようです。私自身、東京在住時代は、自己犠牲を素晴らしい愛の行為と思い込んで何度も倒れていましたから、以前の自分の姿を見るかのようでした。

ちょうどミミズ腫れのところが膵臓《すいぞう》の痛む場所で、しかも、ハートチャクラの裏、愛を受け取る場所です。

その場所をなでながら、「膵臓さん、ありがとう！　これから、自分の体をいたわって大事にするから」と、語りかけながら、一緒に愛と感謝を送りました。

過去生からの癖、自分の体からのサインを無視して働き続け、体をいじめる傾向が今生でも再現されたのです。そして、膵臓がんになってやっと気づいて、マイナスのパターンをプラスに入れ替えることが今回のテーマなのです。

彼女へのアドバイスは、愛と笑い！

ハンドヒーリングを、やさしいご主人にやさしくしてもらうこと。

抗がん剤を悪者と思わないで、点滴を受けるときに、ありがとう！　チュッ！　と投げキッスを！　そうすると副作用が出なくなります。

これは、母が肺がんの手術を受けた後、抗がん剤の治療で副作用がひどいときに、守護天使から教えられました。家族みんなで感謝の祈りをしたら、すっかり副作用が消えて、吐き気がなくなり、元気モリモリ、食欲が出てきたのです。感謝の祈りの素晴らしさを実感しました。

その話をしたら、すっかり元気な顔になって、万歳三唱とカニ踊りをして帰られました。

「膵臓がんになった意味がやっとわかりました。これから、抗がん剤にも感謝と愛を送ります。どの映画が笑えたかをレポートしますね」と笑顔が輝いていました。

もう一つ、乳がんのケースです。これはテレビの番組「アンビリーバボー」に出ていたイギリス人で四〇歳の女性です。二六歳で乳がんの早期発見により手術が成功。彼女は、感動して、発見してもらったレントゲン技師に憧れて勉強し、資格を取ってレントゲン技師になりました。それも自ら体験をしたので患者さんの不安を上手に解放できる人でした。これだけでも素晴らしいこと！

ところが一〇年後、がんの再発が見つかり、進行がんで手術は不可能でした。「あと半年の命なので、好きなことをしてください」と主治医に宣告されてチャレンジしたのが、なんと乳がん撲滅のためのチャリティーマラソン！　しかも大会に出て、優勝！　本当にアンビリーバブルです。さらにロンドンマラソンも完走。彼女をやさしく理解のある夫が支えてくれました。さらにチャレンジを続けて、次はロンドントライアスロンも完走したのです。そして、もう四年間も生き延びています。次の冒険にまた何をするのかしらと期待させる、とにかく素晴らしい女性でした。大ブラボーです。

彼女のコメントがまたすてき！

「私は、がんになる前、とても幸せでした。がんになった後、もっと幸せです！」

人間は好きなことをしていると、冒険や目標がしっかりあって、生きる喜びががん細胞を包み込んで、とろけさせるのでしょうね。がんの患者さんに元気を与える話です。

さらにもう一人、寿命は自分で決めていることをよく表しているケースです。

沖縄のある元気なおばあの話。七八歳で末期がんになり、医師から手術を勧められましたが、それで治らないなら家に帰ると強引に退院して、おじいに一言。

「先に死んでくれ！　あんたを置いては死ねん！」と。おじいはそれを聞いて、

「あい、わかった」と。シンプルな会話。

そして、おじいは九二歳で大往生。その後もおばあは元気に畑でゴーヤーを作り、九四歳で大往生！　しかも亡くなる二週間前まで畑仕事をしていたとか。

末期がんを宣告されても、一六年間しっかり生き抜いたおばあに大ブラボー！
医者がなんと言おうと、自分の人生、自分の寿命は、自分で決めるのですね。
この話は講演会で、がんの方を大いに元気づけています。

★愛と幸せの習慣41 自分の体（細胞さん）との対話

私たちが地上で大変お世話になっている肉体の細胞さんとは、あまり対話をしない人が多いようです。えっ、細胞と対話できるの？ しゃべれるの？ とびっくりされた方は、対話をされていないでしょう！ 細胞は話せませんが、一度しゃべってみて！ と頼んだことがあります。びっくりです。とても聞いてられないほどうるさいのです。

「こんなに夜遅くまで食べないで！ 消化不良になるでしょう？」

これは、胃の細胞さんの叫びです。

「もっと水をたくさん飲んでよ！ 水分不足で便がカサカサ。スムーズに押し流せないでしょう？ それでいて便秘薬を飲むんだから……」

これは、大腸さんのぼやき～。

「お願い！　運動して！　せめて猫のように伸びをして、背骨を伸ばしてよ〜」

これは、背骨と筋肉と血管とリンパ管と筋膜さんのコーラスです！

「おーい、お酒の量が多いよ〜。酵素分解が間に合わないよ〜。分解できなかった分のアセトアルデヒドが気持ち悪くなるけど、二日酔いだね」

これは、肝臓さんの解説です。

これでは日常生活をやっていられないです。なぜ体の細胞たちが、普段はしゃべらないのかがわかりました。細胞たちも言いたいことがたくさんあるのですね。たくさんしゃべる代わりに、痛みやかゆみや重たさなどで静かに訴えかけています。

少し心を静めてから、意識を体の細胞に向けて、何か訴えているサインがないかどうかをチェックします。そして、その場所に手を当てて、心の中で話しかけてみましょう！　案外、自分の体をよく観察する機会はありません。意識してやるしかないのです。重い症状になる前に気づいてあげましょう。

気になるところを中心に、なでたり、軽くもんだり、やさしくマッサージをしてみましょう！

「細胞さん、いつもありがとう！」

突き抜けた自分になる「笑い」療法

笑い療法を始めて三五年。研修医時代から、うつ状態の患者さんを笑わせることが生きがいでした。そういう私は、超がつく真面目人間でした。それがなぜ、こんなに面白おかしくなったのか。その自己変容の歴史は、いつのまにかこうなっていたので不思議でなりません。

ただ、「底抜けに明るい」と表現するように、どん底を何度も体験するうちに、もう笑うしかないと極限に行き着いた気がします。そして、笑いで突き抜けて、ウルトラおめでたくなりました。出会った、みなさまのおかげです。

その恩返しにいま、これから、おかしく突き抜けて、人生を楽々に堪能する予備軍の方へ、こうやってヒントをお伝えする本を書いています。次々と体験することが、すべて無駄なく生かされているので、いまは人生が楽しくて仕方がありません。本当に幸運です。人生最高！　すべてはうまくいっている！

世の中にパワフルな「おめでた菌」を大いに広めようと活動中です。

みなさんも一緒に広めませんか？

笑い療法を実践されているいろんな方と出会いました。

まず、映画にもなったパッチ・アダムス先生。映画を媒介にして会うことができました。気が合って、中国の慰問旅行でピエロになる二週間のワークが強烈な自己変容になりました。講演会では、ギャグ連発だけでなく、身をもっての変身で大きな笑いを体験していただいています。体験主義の私には、ぴったり。

過去生で舞台女優だったことも手伝っていると思います。ありがたいことに、遺伝子学のほうで笑いが治療にも有効であることを実証してくれています。これに力を得て、ますますパワーアップ！

次に日本の医師で、笑い療法を研究、実践されている昇幹夫先生。日本笑い学会の副会長。『笑顔がクスリ』（保健同人社）に笑える話がいっぱい。たとえば、

「あたいとあんたはサボテン夫婦　トゲはあれども水いらず」

そして一緒にセミナーを行っている西本真司先生。笑い療法の推進者として、笑いメイトのドクター西本先生はとてもハードな生活を麻酔《ますい》医師としてこなしていた二〇代に、難

病の潰瘍《かいよう》性大腸炎になってしまいました。

一日三六回以上の下痢《げり》と血便を乗り越え、貴重な臨死体験もされました。九九・九九九％治らないという主治医の宣告にめげず、〇・〇〇一％にかけて、薬をやめ、免疫を高める代替医療でみごと完治したのです。

その中に笑い療法も入っていました。難病と闘ってきた西本先生も、どん底を経験していますから底抜けに明るく、どこにいてもわかるほど大きな笑い声が個性的です。

奇跡的な体験を元に、楽しくてためになる先生の本『潰瘍性大腸炎が治る本』（マキノ出版）を紹介します。同じ女性に七回も失恋したという珍しい体験談もあります。とくに、いま潰瘍性大腸炎になって途方に暮れている人には希望の光です。いまでは和歌山で代替医療を中心にペインクリニックを開院されています。

最近まで高野山で二年に一回、一泊セミナーを一緒に笑いながら行っていました。

セミナーのとき、上の部屋でお琴の発表会があって、美しい音色が聞こえてきました。お互いにネタをメモする仲間ですが、この日も琴の音から笑いを披露してくれました。

あるお見合いの席で、二〇代の若い女性が緊張して、「趣味は？」と聞かれて思わず、「お琴です！」というつもりが、「男です！」と答えたそうです。

ついでにもう一つ、あるご婦人が夜分に訪問する用事があって、つい丁寧に挨拶を言うつもりが「親分（お夜分）失礼致します！」と言ってしまったそうです。

どうですか？　笑えましたか？　これで笑えた方は、人前で緊張するという遺伝子のスイッチがオフになりましたね。

★愛と幸せの習慣42 憂鬱をふっとばす「笑気功」

西本真司先生から伝授された、パワフルな笑気功を紹介します。

笑気功をすれば、どんなひどい年季のいったうつの人もはじけて、うつ状態でいることが、ばかばかしくなって、卒業してしまいます。笑いの最大級のパワーに憑《つ》いていた霊ちゃんたちは、ぶっ飛ばされるからです。でも、飛んだ先が光の中なので、プロレスのような成仏《じょうぶつ》の仕方と言ってもいいでしょう！

まずはお試しあれ！

足を肩幅に開いて、膝《ひざ》のバネを緩《ゆる》めます。

笑いは「ハ行」です。ハ、ヒ、フ、へ、ホと順番にいきます。

まず、大笑いのときのハから。

万歳の姿勢をして、両手をゆすりながら、ハ、ハ、ハ、ハ……と大きな口を開けて思いっきり笑います。両手をだんだん下げて腿《もも》をたたきながら、たまに飛びながら、大笑いを息が切れるまで続けます。

グループだったら、お互いの笑う姿を見て、さらに大笑いを繰り返します。

これをハ行全部やっていきます。グループのほうが、はじける度合いが違って、突き抜ける人がきっと続出でしょう！

講演会やセミナーでやってみたら、大笑いをしている私の姿を見て、大笑いをする人が多かったのです。

これは、羞恥心という遺伝子のスイッチをオフにしないとできませんが、考えなくても、みんなでやっているうちに、いつのまにか、はずみでオフになってしまいます。これを一度やってしまうと、もう普通の世間を気にする人にはもどれませんので、ご注意を！

ヒーリングスクールや沖縄ツアーで朝日を見ながらの瞑想のときに、朝日に出てほしいときは必ず行っていました。

朝日も思わず笑って、つい顔を出してしまうのです。

神話にもあるでしょう。天照大神《あまてらすおおみかみ》がお隠れになったとき、どんなことをしてもお出ましにならなかったのに、天宇受売命《あめのうずめのみこと》という笑いの女神が裸踊りをして、ほかの神様たちが、やんやと大笑いをして、笑い声で天照大神がびっくりして、のぞかれたのです。そして、また太陽の光が地上にさすようになったのです。やっぱり笑いが一番です。

新しい習慣を増やして、楽々人生を歩きましょう

楽々に感じるときは、どんなときでしょう？
どんなイメージを描きますか？
人によって違うかもしれません。
なんでも人にやってもらうことだと思う人、
逆に自分の好きなように、自分でやりたい人、
たくさんの仲間とわいわいにぎやかにしたい人、
一人で自然の中で静かに過ごしたい人、
時にみんなと、時に一人でと、いろいろがいい人、
結局は、自分がやりたいようにできる人生でしょうね？
自分らしく、自然に、自由に、「自」の三拍子がそろうこと。
超気持ちいいこと。

とにかく楽しいこと！

太陽のように輝くこと！

ブラボー！

人生最高！

人間って素晴らしい！


自分を宇宙人と思ってみて、自分を見つめると、力が抜けて楽になります。

突き抜けるとは、力を抜いて、軽やかに省エネすることかもしれません。

自分を意識している表面意識が潜在意識を突き抜けて、奥の光の部分、宇宙とも呼べる世界に突き抜けたら、まわりの人からは変わって見えて、宇宙人のようで、でも、とってもうれしそうに、楽しそうに、どんどんやりたいように生きていたら、きっと、まわりの人が、同じように、まねをしたくなるでしょう！

たくさんの人たちが寄ってくるでしょう！

一緒に楽しくまわっていたら、とけて、一つになるでしょう！

ふと、ここで詩を思いつきました。

「一緒」

一緒に歌いましょう！
一緒に踊りましょう！
一緒に遊びましょう！
一緒に冒険しましょう！
一緒に平和
一緒に調和
一緒に愛
一緒に笑い
一緒のいのち
一生のいのち

「ハッピーエンド」
この世はすてきな舞台
自分が主人公
今回は、喜劇にしよう
最後は、笑って終わりにしよう
みんなでハッピーエンド！
地球もキラキラゴールド！

いかがでしたか？
あなたの人生も、今回はちゃんとハッピーエンドです。
安心して、前へ進みましょう。
新しい愛と幸せの習慣を増やして、あなたらしい楽々人生を創ってください！

おわりに

この本を読んでくださって、本当にありがとうございます。

あなたの人生が明るく、前向きになるヒントが少しでも見つかったら、とてもうれしいです。

本を書くことは、子どものころからの夢でした。じっくりと書くタイプですが、この本は珍しく二週間で一気に書き上げたとてもパワフルな本です。

書いていて、自分自身が楽しくワクワクして、内容もあふれるように出てきました。元気いっぱいのエネルギーがしっかりと本から伝わったのではないでしょうか？

実は、私自身も最高にワクワクして楽しみにしていたイベントが、突然中止になってひどく落ち込んでしまったときに、たまたまこの本を手にとって読み始めたら、面白くてやめられなくなり、元気に起き上がったというエピソードがあります。

本人で実証済みの「元気になる本」なのです。

本の中に「ブラボー！」というほめる言霊がたくさんあって、それが自然に潜在意識に入ることで、さらに自己肯定感が増して、自分を認めることができると中にある光が出やすくなるのです。

編集担当の野島純子さんからこの本が新書版になるというグッドニュースをいただいて、なるほどとこの「元気になる本」が選ばれた意味がわかりました。

また原稿を読み直して、八年たっていても元気パワーがあふれていて、愛と笑いの癒しを続けてきて本当によかったとしみじみ思いました。

私は、精神科医ですが、診療でも触診に力を入れています。私たちの感情が背中にたまりやすいので、抱きしめるハグをしたり、アロマやクリスタルを使ってエネルギー治療をしたあとも感情の解放のチェックに背中を触ったり、心と体のつながりをとても大切にしています。

講演会やヒーリングセミナーでも、参加者のみなさんにその場で体を動かしてもらって、心と体の両方から解放の実感を味わってもらっています。

実は、体のほうが表面意識よりも魂に近いので、体に本音が表われやすいのです。これからも体の変化を大切にしながら、心のケアに携わっていきたいと思っています。

いつも東京の講演会に参加して熱心にメモを取ってくださっている編集の野島純子さん、そして編集長の手島智子さん、本当にありがとうございます。

今まで、ずっと応援して下さったすべての方々に愛と感謝を送ります。

あなたの素晴らしい人生に、もう一度、ブラボー!!

二〇一三年　七月吉日　魂科医・楽々人生のインスト楽多《ラクタ》ー

越智　啓子

本書は二〇〇五年『だれでも思いどおりの運命を歩いていける！』として
小社より刊行されたものを加筆・修正して新書化したものです。

★本書の内容・診療に関するお問い合わせ
啓子メンタルクリニック
TEL.098-989-4146
http://www.keiko-mental-clinic.jp/
癒しと遊びの広場　天の舞
TEL.098-989-4567

★講演会・セミナーのお問い合わせ
啓子びっくり企画
TEL.098-868-9515

★癒しグッズ等のお問い合わせ
癒しの広場　なんくる
TEL.098-866-4563

人生の活動源として

いま要求される新しい気運は、最も現実的な生々しい時代に吐息する大衆の活力と活動源である。

文明はすべてを合理化し、自主的精神はますます衰退に瀕し、自由は奪われようとしている今日、プレイブックスに課せられた役割と必要は広く新鮮な願いとなろう。

いわゆる知識人にもとめる書物は数多く窺うまでもない。

本刊行は、在来の観念類型を打破し、謂わば現代生活の機能に即する潤滑油として、逞しい生命を吹込もうとするものである。

われわれの現状は、埃りと騒音に紛れ、雑踏に苛まれ、あくせく追われる仕事に、日々の不安は健全な精神生活を妨げる圧迫感となり、まさに現実はストレス症状を呈している。

プレイブックスは、それらすべてのうっ積を吹きとばし、自由闊達な活動力を培養し、勇気と自信を生みだす最も楽しいシリーズたらんことを、われわれは鋭意貫かんとするものである。

—創始者のことば— 小澤和一

著者紹介

越智啓子〈おち けいこ〉

精神科医。東京女子医科大学卒業。東京大学附属病院精神科で研修後、ロンドン大学附属モズレー病院に留学。帰国後、国立精神神経センター武蔵病院、東京都児童相談センターなどに勤務。1995年、東京で「啓子メンタルクリニック」を開業。99年より沖縄へ移住。過去生療法、アロマセラピー、クリスタルヒーリング、ヴォイスヒーリングなどを取り入れた、新しいカウンセリング治療を行う。現在、沖縄・恩納村にあるクリニックを併設した癒しと遊びの広場「天の舞」を拠点に、クライアントの心(魂)の治療をしながら、全国各地で講演会やセミナーを開催し、人気を呼んでいる。

誰《だれ》でも思《おも》いどおりの運命《うんめい》を歩《ある》いていける！

青春新書 PLAYBOOKS

2013年 9月15日 第1刷

著 者 越《お》智《ち》啓《けい》子《こ》

発行者 小澤源太郎

責任編集 株式会社プライム涌光

電話 編集部 03(3203)2850

発行所 東京都新宿区若松町12番1号 〒162-0056 株式会社青春出版社

電話 営業部 03(3207)1916 振替番号 00190-7-98602

印刷・図書印刷 製本・フォーネット社

ISBN978-4-413-01999-6